김미형 지음

생활음운론

김미형 지음

한국문화사

생활음운론

인쇄 ‖ 2005년 2월 25일
발행 ‖ 2005년 2월 28일

저 자 ‖ 김 미 형
펴낸이 ‖ 김 진 수
펴낸곳 ‖ 한국문화사
주소 ‖ 서울특별시 성동구 성수1가2동 656-1683번지 두앤캔B/D 502호
전화 ‖ (02)464-7708 / 3409-4488
팩시밀리 ‖ (02)499-0846
등록번호 ‖ 제2-1276호
등록일 ‖ 1991년 11월 9일
홈페이지 ‖ www.hankookmunhwasa.co.kr
이메일 ‖ hkm77@korea.com
가격 ‖ 8,000원

ISBN 89-5726-271-7 93710

머리말

필자가 대학에서 국어음운론을 강의하면서 가장 고민스럽게 신경 쓰는 점은 과연 학생들이 음운론 수업에서 그들의 장래에 소용될 무엇을 얼마나 얻어갈 것인가 하는 점이다.

물론 다양하게 분파된 학문 중 하나인 국어음운론이라는 학문 하나를 배운다는 것 자체가 그 지식의 소용 여부를 떠나서 학문적 엄정성, 논리성 등의 쓸모 있는 덕목이 많다고 자부 못할 것은 없다. 그러나 현대 사회는 실제의 지식 하나가 곧바로 어딘가에 소용될 그런 대상이 더 가치가 있는 세상이 되었다. 더욱이 많은 학생들의 졸업 후 진출 분야로 전문적인 자기 전공 분야만이 아니라 연계적인 응용 분야가 더 많아졌다.

국어국문학과 학생들이 졸업 후 일 하면서, 음운론 내용이 왜 필요할 것인가를 생각해 보자. 우선, 전문적인 학문으로서의 음운론이 필요한 경우와 초중고교 학생들에게 가르칠 음운론 지식이 필요한 경우가 있을 것이다. 그런데 그보다 더 많은 학생들은 그런 지식보다는 음운론을 배워 언어 생활의 말소리에 실제로 반영할 그런 요령을 더 필요로 한다.

필자가 생각하기에 적어도 대학에서 음운론을 배웠다면,

한국어의 표준발음법 원리를 이해해야 하며,

현대인의 잘못된 언어 생활을 인식해야 하며,

부정확한 발음을 부정확하다고 인식할 수 있어야 하며,

타인의 발음에서 뭐가 잘 안 된다는 지적을 할 수 있어야 하며,

자녀를 키우며 아이가 이상한 발음을 할 때 그것이 무슨 현상(음운 또는 심리)이라고 관심을 가질 수 있어야 한다.

그런 관점에서 바라볼 때 현재 나와 있는 책은 알맞은 것이 없다. 너무 학문적이거나 전문적이며, 다루는 주제가 단계적이지 못하며, 실제 소용되는 부분이 미약하다. 이런 점을 고려하여 이 책을 꾸미게 되었다. 그러므로 이 책의 주된 관점은 한국어 말소리의 세계에서 기본적인 것을 확실하게 이해하게 하고 이것을 실제로 우리 생활에 적용할 수 있는 다리를 놓아주는 데에 있다.

이 책을 엮는 데에는 음운론에서 왕성하게 연구하시는 많은 선생님들의 훌륭한 책들이 그 기본 바탕이 되었다. 필자는 그 좋은 책들을 전적으로 참고하여, 그 내용을 쉽고 분명하게 설명하고, 그것을 실생활에 적용하게 하는 방법을 궁리한 것이라고 할 수 있다.

아직 미비한 점이 많다. 학생들과 수업을 진행하면서, 현장 연구를 겸하면서 깁고 고치기로 한다.

2005년 2월.

안서동 연구실에서 지은이 씀.

차례

제 1 장
말소리의 세계

1. "소리"란 무엇인가

　주변에서 끊임없이 들려오는 소리! 지금 컴퓨터에서는 기계 돌아가는 소리가 나고, 자판기 두드리는 소리, 문 밖 어디에선가는 무슨 말인지 분간은 안 되나 사람들 웅성거리는 소리, 어느 강의실에선가 '왁' 하며 웃음 터져 나오는 소리, 옆방의 헛기침 소리, 그리고 또닥또닥 구둣발 소리. 이 모든 소리들은 좀 조용히 해 줬으면 하는 듣기 싫은 소음이 되기도 하고, 때로는 귀 기울여 듣고 싶은 좋은 소리가 되기도 한다.

　소리는 어떻게 해서 나는가? 그것은 활동이 일어나고 있기 때문에 나는 것이다. 어떤 종류의 소리라도 소리가 난다는 것은 곧 활동이 일어나고 있다는 말이 된다. 적막 속의 한밤중에, 눈에 보이지 않더라도 바스락 소리가 나면, 사람들은 놀란다. 소리가 난다는 것은 뭔가 움직임이 있다는 증거가 되기 때문이다. 시계 바늘 소리 또닥거리고, 풀벌레 소리라도 찌르거리는 건 어둠 속 어느 한구석에서 활동이 일어나고 있다는 얘기가 아닌가.

　그러면 소리란 무엇인가? 우리가 듣는 소리란, 어떤 물체가 움직임으로써 진동(振動)을 만들고, 그 진동이 공기 파동을 일으켜서 이 파동이 사람의 고막을 진동시키는 현상이다. 물 속에서 움직임이 일어났을 때, 물결파가 전달되어 소리가 되기도 한다. 이를 그림으로 이해해 보면 다음과 같다.

<그림 1> 소리의 생성과 전달

매질-공기   매질-물

　그러니 소리는 순수한 물리적 현상이다. 실제의 물체가 일으키는 과학적인 현상이기 때문이다. 그런데 물체의 진동이라고 해서 모두 다 사람에게 들리는 소리가 되는 것은 아니다. 지나치게 빠르게 진동하거나 너무 느리게 진동하면 그 파동은 사람의 귀에는 들리지 않는다. 하늘에서 눈발이 내려오는 소리, 분명 움직임이 일어나 공기 속을 거슬러 내려오건만 소리는 들리지 않는다. 공기의 진동이 너무 느려 들을 수 있는 소리를 만들지 못하기 때문이다. 빛은 속도가 매우 빠르고 파장이 아주 짧은 파장 운동을 하지만 그 진행의 소리가 들리지는 않는다. 사람이 들을 수 있는 소리는 진동수 약 20-2만Hz 정도이다. 'Hz(헤

르츠)'란 주파수(周波數)를 측정하는 단위로, 1초 동안 파장이 몇 번 왔
다갔다 했는가 하는 것을 뜻한다. 독일의 물리학자 Heinrich Rudorf
Herz(1857~1894)의 이름에서 따온 단위 용어가 된다.

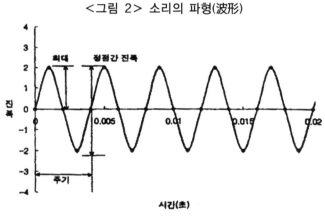

<그림 2> 소리의 파형(波形)

전문적인 관점에서 소리라고 하는 것은 사람의 가청주파수(可聽周波
數) 범위를 넘어선 이른바 초음파(超音波, supersonic, 2만Hz 이상)라고
하는 것도 있고, 초저주음파(超低周音波, infrasound)라고 하는 20Hz 이
하의 진동수를 갖는 소리도 있다. 넓은 의미에서 소리, 또는 전문적인
물리현상 지칭 용어로 소리란 이러한 일체의 진동파가 일어나는 현상
을 가리킨다. 그러나 우리가 일상에서 쓰는 '소리'의 의미는 가청주파
수의 진동파가 공기 속을 전파하여 귀에 이르는 소리를 가리킨다.

진동은 공기나 물 속에서만 일어나는 것이 아니다. 진동의 매질은
탄성을 가진 모든 물체가 가능한데, 지진파 등이 그 예이다. 그러므로
넓은 의미에서의 소리란 기체, 액체, 고체 속을 투과하는 모든 탄성파

(彈性波)라고 할 수 있다. 그러나 일상 용어에서 소리란 공기 속 진동을 가리킨다. 요컨대, 우리가 일상으로 말하는 소리란 공기 속의 가청 주파수 범위의 진동파를 가리키거나, 이러한 진동파가 우리의 귓속에 전달되어 우리가 인지하게 되는 소리를 가리키는 것이다.

2. 소리의 종류

이 세상의 수많은 소리의 종류를 생각해 보자. 소리는 어떻게 분류될 수 있을까? 여러 관점에서 여러 방법의 분류가 가능할 것이다. 먼저 인간 중심에 서서 인간의 것과 인간 아닌 것의 구별이 가능할 것이다. 이 관점에서 본다면 소리(sound)와 목소리(voice)를 구별하게 된다. 곧 위에서 언급한 바 있는 넓은 의미의 소리는 'sound'이다. 그리고 이 중에서 선별적인 것이 'voice'인데, '사람이 발성기관으로 내는 소리'를 말한다. 이것은 '사람이 내는 소리'와는 지시대상이 다르다. 사람이 손뼉을 쳐서 소리를 낼 수도 있고, 방귀, 뱃속의 꼬르륵거림 등 생리적 현상으로 소리를 낼 수도 있기 때문이다. '발성기관(發聲器官)'이란 소리를 내는 기관을 뜻하는데, 사람의 음성기관, 녹음기 등이 이에 속한다. 이 중 사람의 발성기관은 사람의 음성기관으로, 사람이 내는 소리를 발성기관과 그 외의 소리로 나눈다면, 목을 통과하는 소리를 목소리 곧, 'voice'라 할만하다. 그런데 사람의 목을 통과하는 소리 중에는 재채기, 기침, 하품, 딸꾹질, 신음, 한숨 등도 생각할 수 있다. 그러나 이들은 엄밀한 의미에서 목소리라 하지 않는다. 목소리란 사람이 말을 하기 위해 발성기관을 작동하여 내는 음성(音聲)을 지시하는 개념으로 이해된다.

  voice, 곧 음성은 여러 발성기관 중 특별히 어느 곳에서 나는가에 따라 소리 이름을 달리 부르는데, 이는 다음 절 "말소리의 정체"에서 살펴보기로 한다. 이 외의 분류로는 큰 목소리와 작은 목소리, 음이 높은 목소리와 낮은 목소리, 흉성(胸聲)과 두성(頭聲) 등 여러 구분이 가능하다.

  목소리의 크기는 주로 호기량(呼氣量)과 호기압(呼氣壓), 폐활량의 크기와 관련된다. 소리의 크기(또는 세기)는 데시벨(dB)로 표기하는데, 겨우 들리는 최저의 강도 음압을 기준 데시벨(0dB)로 하면, 귀가 견딜 수 있는 최강음은 120데시벨이 된다. 사람들이 일반적으로 나누는 대화는 약 60데시벨의 크기이고, 다른 소리가 나는 시끄러운 장소에서 사람들이 나누는 대화는 80데시벨 정도이다. 앞의 <그림 1>에서 진동이 일어나는 파장에서 반복되는 회수를 주파수라고 했는데, 그 파장의 폭이 클수록 소리의 세기가 커지는 것으로 이해하면 된다.

  목소리의 높이는 성대의 진동수에 따라서 결정되는데, 성대의 길이, 탄력성 정도, 긴장도 등을 변화시킴으로써 어느 정도 조절할 수 있다. 사람이 낼 수 있는 목소리의 높이는 80Hz에서 1280Hz의 4옥타브이다. 말소리의 높이는 성별, 연령과 관계가 깊다. 남성이 사용하는 말소리의 기본 주파수는 120Hz이고, 여성이 사용하는 말소리의 기본 주파수는 220Hz라고 한다. 여성이 남성보다 높이가 높은 말소리를 사용한다. 이것은 신체적으로 여성의 성도(聲道, 성대로부터 입술 또는 코까지 소리가 나오는 길) 길이가 남성의 성도 길이보다 짧은 것이 주 요인이라고 한다. 관의 길이와 주파수 사이에는 반비례 관계가 있으므로, 성도의 길이가 짧으면 주파수는 올라가기 때문이다. 그리고 아이들이 어른에 비해 성도의 길이가 짧으므로 높은 말소리를 낸다. 물론, 개인 화자의 특성에 따라 다르기도 하고, 성도 이외에 후두의 크기, 언어 습관 등도 말소리의 높이를 결정하는 요인으로 작용한다. 특히 말소리의 높이는 언어권마다 평균치가 다르다는 연구 결과도 있다. 그 한 예로 한국어의 소리 주파수는 영어보다 훨씬 낮다고 한다. 영어는 모음이 별로 없고 자음이 많은 언어임에 비해 한국어는 모음과 자음이 번갈아 소리나는 언어라는 데에 큰 이유가 있다. 따라서 한국어 화자는 기본적으로 높은 음역의 소리를 듣는 훈련이 안 되어 있어서 영어 발음을 이해하는 데에 어려움을 겪게 된다. 나라별로 본다면, 일본어의 주파수가 가장 낮고, 그 다음이 한국어, 그 다음이 중국어로 동양언어권은 기본적으로 영어 듣기에 어려움을 겪게 되어 있다는 것이다.

흉성과 두성은 노래를 부를 때 음의 높낮이와 관련을 가지며 목소리를 내는 방법에서 소리나는 구역이 다른 것이다. 낮은 목소리에서 높은 목소리로 가락을 높여가면, 처음에는 힘세고 음색이 풍부하며 가슴에서 울리는 것처럼 느끼는 목소리가 어느 높이 이상이 되면 음색이 바뀌어 약하고 머리에서 울리는 것처럼 느끼는 목소리가 된다.

사람의 소리를 구분하지 않고서 소리를 분류하는 방법으로, 일차적으로 악음(樂音, 공명음, musical sound, resonant sound)과 조음(噪音, 비공명음)을 구별할 수 있다. 악음은 음파가 주기적 규칙적인 경우가 되므로 지속적으로 이어질 수 있는 소리가 된다. 조음은 음파가 비주기적으로 규칙성을 찾아볼 수 없는 소리로 마찰을 일으키거나 폐쇄 당하거나 하는 소리가 된다. 피아노 등 악기 소리와 사람의 말소리 중 모음은 악음에 속하고, 바람소리, 긁히는 소리, 깨지는 소리, 자음 소리는 조음에 속한다.

<그림 3> 악음과 조음의 음파형

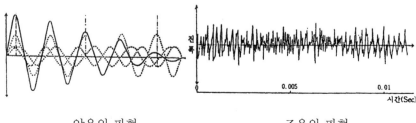

악음의 파형   조음의 파형

악음의 파형은 주기적으로 진동하는 음파가 복합되어 있고, 조음의
파형은 주기성이 없는 진동이 복합되어 있다.

3. 말소리의 정체

이제 말소리의 정체를 확인해 보자. 앞 절에서 넓게 소리의 세계를
살폈는데, 이 소리들 중 인간이 의사를 전달할 목적으로 음성기관을
이용하여 입 밖으로 내는 소리를 말소리라고 한다. 이를 언어음(言語
音) 또는 음성(音聲)이라고도 한다.

인간이 의사를 전달할 목적으로 이용하는 것에는 말소리, 문자, 통신
부호가 있다. 이 세 관계는 이용 수단이 무엇인가에 따른 차이만 있을
뿐, 사람들의 언어를 표현한다는 점에서는 같다. 특히 음소 문자는 언
어의 소리를 표현한다. 말소리는 청각적인 사람의 목소리로, 문자는 시
각적인 선 모양으로, 통신 부호는 전자의 끊어짐으로 나타낸다.

인간의 의사소통에 동원되는 수단들 중 말소리는 어떤 의미를 지니
는 걸까? 우선, 가장 쉽게 인간 본능적으로 탄생한 언어 표현 수단이라

는 의미가 있다. 사람이 자기 신체 외의 별다른 도구를 사용하지 않고
서도 사용 가능하다. 그리고 '언어'라는 것 자체가 '의미'와 '음성'의 이
원성을 지니는 것이므로 음성은 부차적인 수단이 아니라, 필수불가결
한 형식이다. 언어에 있어서 음성은 형식이고 의미는 내용이다. 형식과
의미를 담지 않고서는 언어가 될 수 없다. 그러므로, 말소리는 언어의
표현 수단인 문자와 부호 등과는 본질적으로 다르다. 문자를 쓰는 동
안에 사람의 머리 속에는 음성이 존재한다. 부호를 쓰는 동안에도 역
시 그러하다. 머릿속의 음성이 환기되지 않고서는 시각적 문자나 부호
의 해독이 불가능하다.

　사람이 발성기관을 이용하여 언어를 변별할 수 있다는 점은 인류 최
대의 축복이라고 해도 과언이 아니다. 원시인들은 지금 우리가 변별하
는 것과 같은 다양한 말소리를 내지 못했다. 갓난아기들도 단조로운
몇 소리만 낸다. 이는 원시인과 갓난아기들의 발성기관이 수평적으로
이루어져 있기 때문이다. 인간은 진화하면서 발성기관이 'ㄱ자 모양'으
로 형성되었다고 한다. 갓난아기는 성장하면서 발성기관이 'ㄱ자 모양'
으로 형성된다고 한다. 이 요건은 사람들이 다양한 말소리를 낼 수 있
는 열쇠가 된다.

<그림 4> 인간의 발성기관과 원속동물의 발성기관

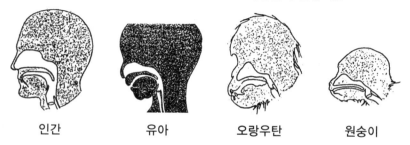

인간　　　　유아　　　　오랑우탄　　　　원숭이

위 그림을 보면, 인간의 발성기관(vocal tract)과 원속(猿屬)동물의 발성기관과의 가장 현저한 차이는, 인간의 경우 성문(聲門, glottis)이 목 가운데 (해부학적으로는 척추의 제5경부(頸部, cervix)와 제6경부 사이에) 위치해 있다는 사실이다. 그리하여 인간의 경우는 설근(舌根, tongue root)이 인두(咽頭, pharynx)의 앞 벽을 이루고 있는데, 원속동물의 경우는 설근이라고 부를 수 있는 부분도 없고, 인두도 거의 없음을 볼 수 있다. 또 원속동물의 경우는 후두개(喉頭蓋, epiglottis)와 연구개(軟口蓋, velum)가 맞닿아 있어서 구강(口腔)을 인두로부터 완전 폐쇄시킬 수 있으나, 인간의 경우는 그럴 수 없음을 볼 수 있다.

이러한 성문의 하강은 유아(幼兒)의 발성기관에서도 찾아볼 수 있다. 생물학에 "개체발생은 계통발생을 재요약한다"라는 말이 있다. 인간의 경우, 원속동물에서 진화하면서 성문의 하강을 겪었다면, 이 현상이 개체에서도 나타난다는 것이다. 실제로 위 그림에서 보는 바와 같이 유아의 경우, 성문이 목보다 더 높이 올라와 있음을 볼 수 있다. 갓난아기의 울음은 더 자라서 어린이가 되었을 때 우는 울음소리와는 다르게 모음이 단조로운데 이는 유아의 발성기관이 아직 일관형이어서 다른 모음들을 다양하게 발성할 수 없기 때문이다.

이러한 차이는, 인간의 경우 구강과 인두가 합해서 ㄱ자 모양의 이관형 기관(two-tube tract)을 갖게 되나, 원속동물의 경우는 인두의 부재로 구강 하나로만 구성된 일관형 기관(one-tube tract)을 갖게 된다는 사실이다. 이러한 사실이 발성의 다양성에 미치는 영향은 매우 크다. 일정한 길이의 공명관(共鳴管)은 오르간의 파이프처럼 거기서 나오는 소리가 정해져 있다. 그러나 두 개의 공명관이 이어져 있을 경우, 그리고 상대적인 길이를 바꿀 수 있을 경우, 여기서 나오는 소리는 그만큼 다양하다. 여기서 우리는 원속동물의 일관형 기관이 발성기관으로써 매우 제한되어 있는 반면, 인간의 이관형 기관은 혀를 앞뒤와 아래위로 그 위치를 바꿈으로써, 구강과 인두의 상대적 크기를 변화시켜 다양한 소리를 낼 수 있음을 알게 된다. 예를 들어 모음 '이 [i]'는 구강이 좁고 인두가 넓은 반면, 모음 '아 [a]'는 반대로 구강이 넓고 인두가 좁아져서 나오는 소리이며, 모음 '우 [u]'는 그 가운데 소리로 구강과 인두의 크기가 거의 같은 경우에 나오는 소리이다. 이를 그림으로 보면 다음과 같다.

<그림 5> 모음 발성시 구강과 인강의 상대적 크기

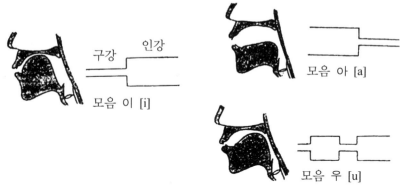

그런데 사람이 목을 통과하여 내는 소리 중 어떤 것을 언어음이라고 하는가는 언어마다 각각 다르다. 예컨대 줄루어(Zulu語)에서는 혀를 놀려대는 여러 가지 소리, 곧 설타음(舌打音)이 언어음으로 쓰이나 한국어에서는 그렇지 않다. 배가 고플 때 뱃속에서 나는 소리는 인간이 내는 소리이기는 하지만, 무엇인가를 전달하고자 하는 목적이 없고, 음성기관을 쓰지 않는다는 점에서 음성이라고 할 수 없다.

　실제로 어느 때 어느 곳에서 구체적으로 실현된 음성을 구체음성(具體音聲)이라 하고, 이러한 음성들 사이의 공통된 요소, 즉 변별적 가치에 중점을 둘 때 이를 추상음성(抽象音聲)이라 한다. 우리는 실제 소리를 듣기도 하지만 전에 들었던 목소리도 기억할 수 있고 구체적 소리는 존재하지 않아도 음성의 형태를 기억할 수 있다. 전자를 구체음성이라 하고, 후자를 추상음성이라고 하는 것이다. 흔히 음성은 조음기관의 활동에 의해 구분되며, 일차적으로는 호기통로(呼氣通路)의 장애 정도에 따라 모음(母音)과 자음(子音)으로 나누어진다. 호기통로에 장애를 일으키지 않은 채 내는 소리가 모음이고 장애를 일으키며 내는 소리가 자음이다. 모음과 자음은 다시 여러 종류로 나뉜다.

　정리하자면, 음성이란 말소리와 뜻이 겸비된 사람의 언어음을 가리킨다. 언어를 가리켜 음성언어라고 하기도 하는데, 언어의 기본 형태가 음성으로 전달되는 소리말이기 때문이다.

4. 말소리는 어디서 나는가?

　앞에서 보았듯이, 말소리는 음성기관(organs of speech / vocal organs)에서 난다. 음성기관은 음성을 내는 데만 사용하지 않는다. 호흡, 빨아들이기, 씹기, 삼키기 등 다른 일도 한다. 그 여러 기능 중 언어를 발음하는 기능은 사람이 지니게 된 고유 특성이 된다.

　말소리를 내기 위해 작동하는 음성기관의 부분은 기능상 크게 네 가지로 나누어 볼 수 있다.

(1) 발동기관(initiator) : 공기를 움직이게 하는 부분 − 폐(lungs),
   후두, 후부구강
(2) 발성기관(organs of voice) : 소리를 내는 기관 − 성대
(3) 조음기관(articulators) : 소리를 고루는 기관 − 식도, 인두, 목젖,
   입천장, 혀, 입술
(4) 공명기관(resonators) : 음성에 대하여 공명작용을 하는 기관 −
   인두강, 입술강, 구강, 비강

그림을 보면서, 음성기관을 이해해 보기로 한다.

\<그림 6\> 음성기관 단면도

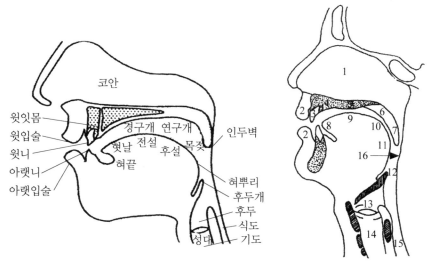

1. 비강(鼻腔, 코안), 2. 입술, 3. 이, 4. 윗잇몸, 5. 경구개(硬口蓋, 센입천장),
6. 연구개(軟口蓋, 여린입천장), 7. 목젖, 8. 혀끝, 9. 앞혓바닥, 10. 뒤혓바닥,
11. 혀뿌리, 12. 후두개(後頭蓋, 울대마개), 13. 성대(聲帶, 목청), 14. 기관(氣管),
15. 식도(食道), 16. 인두벽(咽頭壁)

■ 참고

*12. 후두개 – 혀뿌리의 아래 뒤쪽에 있어, 후두 입구의 앞 벽을
이루어 위쪽으로 돌출한 부위, 음식물을 삼킬 때 인두를 막
아서 기관(氣管)으로 들어가는 것을 막음.

*13. 성대 – 사람의 기도(氣道) 중간에 위치하여 여닫거나 틈을
만듦으로써 목소리를 낼 수 있게 해주는 근육의 덩어리. 목
청.

*16. 인두 – 식도 및 후두에 붙어 있는 깔때기 모양의 근육성 기
관. 구강 · 콧속과도 이어져 있음.

앞의 음성기관 그림을 참고하면서 각 기관에 대한 설명을 하면 다음
과 같다:

(1) 발동기관(initiator)에 해당하는 폐와 후두 후부구강은 말소리를
내기 위해 공기를 움직여서 불어 내는 기능을 하는 곳이다. 폐(lungs)는
공기로 가득찬 무수한 폐포가 폐포관에 매달려 있어서, 폐포 속에 들
어 있는 공기는 호흡에 의하여 새로 교환된다. 대부분의 언어음은 폐
에서 나가는 공기를 이용하는 것이다. 폐포관이 모여 기관지초가 되고
이것이 다시 기관을 이루어 후두에 연결되어 있다.

인간의 말소리는 관악기를 연주하는 것과 흡사하다. 입을 통해 소리
를 내기 위해서는 공기가 필요한데, 공기를 사람의 입안에 들어가게
하는 방법은 두 가지가 있다. 하나는 입에 진공을 만들고 갑자기 입을
열어 공기가 들어오게 하는 방법이다. 공기 흐름을 만들어 내는 또 다
른 방법은 몸 속에 공기를 모은 다음 한꺼번에 방출하는 것이다. 전자
의 방법으로 낼 수 있는 소리는 '쯧쯧(혀끝으로 내는 소리)', 혀차는 소
리 등이다. 우리가 말을 하는 데 쓰는 거의 모든 소리는 후자의 방법에

의해 생성되는 공기를 사용한다. 곧 폐로부터 올라와서 입이나 코 밖
으로 혹은 양쪽 모두로 나가는 공기를 사용한다. 폐(lungs)는 공기를 안
으로 들이거나 밖으로 내보내기 위해서 확대되고 수축된다. 폐로부터
토해낸 공기는 기관(trachea) 또는 숨통(windpipe) 위로 움직인다.

후두(larynx)는 몇 개의 연골과 거기에 붙어 있는 근육 및 힘줄로 구
성되어 있고 안쪽은 점막으로 덮여있다. 후두 안에 성대가 들어 있다.
후두를 발동부로 하여 내는 소리는 성문을 꼭 닫고 숨을 멈춘 상태에
서 소리내는 자음 소리가 있다. 영어 up, get, look 등의 p, t, k 소리를
목구멍 속에서 내는 경우이다. 프랑스인들이 이런 방법으로 소리를 낸
다고 한다.

후부구강은 입안의 뒤쪽을 말한다. 이곳이 발동부가 되어 나는 소리
는 뽀뽀하는 소리, 혀차는 소리 등이 있는데, 언어에 따라 이곳을 발동
부로 하여 내는 말소리가 있다고 한다.

(2) 발성기관(organs of voice)이 되는 것은 성대(vocal cord / vocal
lips)이다. 기관 윗부분에 연골 구조로 이루어진 후두(喉頭, larynx, voice
box) (성대 부분)가 있다. 후두 내부에 두 탄력 있는 조직이 있는데, 이
것이 성대(vocal bands, vocal folds)이다. 성대는 갑상연골(남성의 목에
튀어나온 후골 부분(Adam's apple)의 뒤쪽에 붙어있는 길쭉한 한 쌍의
근육이다. 성대 사이에 열려 있는 곳을 성문(glottis)이라 한다. 성대는
닫히기도 하고 열리기도 한다. 기침을 하면 성대가 닫혔다가 열리는
것을 감각적으로 느낄 수 있다. 그리고 무거운 물건을 들어 올리느라
힘 쓸 때 성문은 닫혀 있다. 보통 숨쉬기 위해 성문은 넓게 열린다. 음
식물을 삼킬 때 성대가 자동적으로 합쳐져서 성문은 자동적으로 닫힌

다. 음식이 기관으로 내려가 폐로 가는 것을 막고, 식도로 내려가 위로 내려가게 하는 것이다. 성문은 공기를 폐 속으로 가두어 두기 위해 또 한 닫는다.

폐로부터 올라오는 기류가 후두를 통과하는 동안 성문을 좁히고 성대를 빠른 속도로 진동시키면 유성음(voiced sound)이 생성된다. 성대의 진동은 들리는 것이 아니다. 말소리는 후두 위에서 생성된다. 말소리에 따라 성대가 진동하기도 하고, 안 하기도 한다. 성대가 진동하고 있는 동안 생성된 말소리를 유성음(voiced)이라 한다. 성대가 진동하지 않고 발음된 음성은 무성음이다. 국어의 모음, 반모음, 비음(鼻音, ㅁ ㄴ ㅇ), 유음(流音, ㄹ)은 성대의 진동을 수반하는 유성음이다. 모음 [아]를 길게 발음하면서 손가락을 갑상연골에 대 보면 성대 진동에 의해 갑상연골이 진동하는 것을 느낄 수 있다. 모음 [아]를 발음하면서 손가락으로 귀를 막아 보아도 성대의 진동을 느낄 수 있다.

폐로부터 올라오는 기류가 후두를 통과할 때 성문을 활짝 열어 성대를 진동시키지 않으면 무성음을 내게 된다. 국어의 파열음(ㅂㅍㅃㄷㅌㄸㄱㅋㄲ), 마찰음(ㅅㅆㅎ), 파찰음(ㅈㅊㅉ), 국어의 자음 [ㅅ]을 발음하면서 손가락을 갑상연골에 대 보면 성대가 진동하지 않기 때문에 감상연골의 진동을 느낄 수 없다. [ㅅ]을 길게 발음하면서 손가락으로 귀를 막아 보아도 성대의 진동을 느낄 수 없다.

"buzz"라는 낱말 말미 [z]음과 "hiss"라는 낱말 말미 [s]음을 들어 보고, [z-z-z]와 [s-s-s]을 길게 해 보라. 또는 "fife"의 [f]음과 "valve"의 [v] 음을 발음해 보라 : (1) 후골(Adam's apple)의 각 측면에 손가락을 대어 보고, 이들 발음을 할 때 진동이 느껴지는지 살펴라. (2) 이 두 음을 발음하는 동안 양손으로 귀를 막고 들어 보라. 후두에서 진동되는 동안

은 더 큰 소리가 들린다. (3) 이 소리를 내면서 높낮이를 붙여 보라. 만
일 성대가 진동한다면 노래할 수 있고, 진동하지 않는다면 노래할 수
없다.

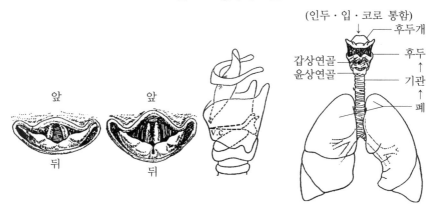

<그림 7> 성대의 모습

　(3) **조음기관**(articulatory)은 발동부인 폐에서 소리의 기운을 만들어
발성부를 거쳐 나오는 소리를 고루는 기관이다. 조음기관으로는 식도,
인두, 목젖, 입천장, 혀, 입술이 있다. 이 중 **식도**(oesophagus / gullet)는
소리를 내는 데 직접 참여하지는 않으나 스스로 신축운동을 하므로 기
류를 일으킬 수 있다. 하품은 식도 안의 공기가 그 입구를 밀어재치고
인두로 흘러나올 때 나는 소리인데, 그 입구에서 파열음이 생긴다.
　후두를 떠나는 공기는 인두(pharynx)를 통해서 올라와 코(비강, 鼻
腔), 혹은 입(구강, 口腔) 혹은 코와 입 양쪽 모두를 통해서 나간다. 인
두와 비강, 구강 어디에선가 공기의 흐름을 저해하는 일이 일어난다.
완전히 막을 수도 있고([pup, bob, toot, dead]), 부분적으로 막을 수도 있

다([f,v,s,z]). 또 막음이 없을 수도 있다([mill],[run]). 인두의 모양은 후두를 들어 올리거나 혹은 혀뿌리를 쑥 집어넣음으로써 약간의 수정을 할 수 있다. 비강은 조절하지 못하므로 모양을 조금도 바꿀 수가 없다. 공기가 비강으로 흘러갈 경우 공명방의 기능을 한다. 입과 인두의 접촉점에 연구개가 있다. 비강으로 공기가 들어가도록 연구개를 내리기도 하고, 혹은 들어가지 못하도록 연구개를 들어올리기도 한다. 혀는 입천장에 닿을 수도 있고 입천장 가까이까지 가 좁은 개방을 만들 수도 있다. 혀는 어떤 저해도 없이 각기 다른 높이에서 다른 모양과 크기의 공명방을 생성할 수도 있다. 또는 양 측면으로, 혹은 끝에서 뒤쪽으로 혀를 동그랗게 오그릴 수도 있다. 중앙부를 따라 홈을 내거나 혹은 혀를 평평하게 펼 수도 있다. 양 입술을 옆으로 퍼지게 하거나 동그랗게 할 수 있다.

인두(pharynx)는 후두개 위쪽, 설근과 인두벽 사이의 공간이다. 인두의 아래 부분에서 설근을 뒤로 끌어당겨 완전히 닫히거나 조금 닫히게 조절할 수 있다. 발동부에서 나오는 공기는 그 조절에 의해 압력이 증감되게 된다. 이 압력의 증감은 모음의 변별에 중요한 작용을 하게 된다.

목젖(uvula, 구개수 口蓋垂)은 연구개 끝에 젖꼭지처럼 매달려 있는 살덩이인데, 공기의 흐름을 조절하여 소리를 다르게 나게 한다. 목젖을 인두의 뒷벽에 대면 공기는 입안으로 통하게 되어, 입안소리가 되게 한다. 목젖을 아래로 늘어뜨려 놓고 입안의 어떤 곳을 막으면 공기는 코로 통하게 되어, 콧소리가 되게 한다.

입천장(palate, 구개 口蓋)은 윗니 바로 뒤에 조금 튀어나온 치경(齒莖, 잇몸), 그 위쪽으로 단단한 경구개, 더 속으로 들어가 부드러운 연

구개 부분이 있다. 혀의 움직임에 따라 이들 부위 중 어디에서 소리나
는가에 따라 소리가 달라진다. [ㄱ], [ㅇ] 같은 소리는 연구개 아래에서
나는 소리이므로 연구개음이라 하고, [ㅈ] 같은 소리는 경구개 아래에
서 나는 소리이므로 경구개음이라 하고, [ㅅ], [ㄴ] 같은 소리는 치경
뒤에서 나는 소리이므로 치경음이라 한다.

  혀(tongue)는 신축성 있는 근육으로서 말소리를 낼 때 가장 바쁘게
움직이는 조음기관이다. 혀를 움직임으로써 소리나는 곳을 만들어주며
소리값을 조절한다. 혀끝(설첨 舌尖), 전설(前舌), 중설(中舌), 후설(後
舌) 부분으로 나누어 조음부위를 설명하게 된다. 혀끝의 작용으로 나는
소리, 또는 혀끝 부위에서 나는 소리로는 [ㅅ], [ㄴ], [이], 중설 부위에
서 나는 소리로는 [ㅈ], [어], [으], 후설 부위에서 나는 소리로는 [ㄱ],
[ㅇ], [우], [ㅇ] 등이 있다.

  입술(lips)은 아래턱의 도움으로 넓게 벌일 수 있으며, 입술 자체의
근육 조절에 의해 둥글게 또는 삐죽하게 내미는 등 모양을 바꿈으로써
말소리를 조절한다. 특히 입술 부위에서 나는 소리로는 [ㅁ], [ㅂ] 소리
가 있다.

<그림 8> 입천장과 혀의 부위

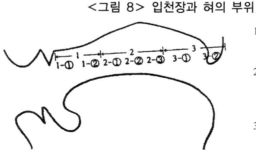

1 치경부
  1-① 치경
  1-② 후치경
2 경구개부
  2-① 전경구개
  2-② 중경구개
  2-③ 후경구개
3 연구개
  3-① 연구개
  3-② 구개수

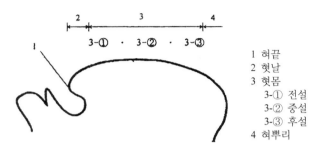

1 혀끝
2 혓날
3 혓몸
  3-① 전설
  3-② 중설
  3-③ 후설
4 혀뿌리

(4) 공명기관(resonators)은 발동부에서 나온 기압이 조음기관을 거쳐 소리값을 가지고 나올 때, 공간을 만나 진동하게 되는 부위가 된다. 인두강(pharynx)은 성대에서 나오는 소리에 대하여 공명실 구실을 한다. 구강(oral cavity)은 말소리의 공명 효과가 가장 큰 곳이다. 모음은 특히 공명 효과가 크다. 코에서 공명이 일어나는 [ㅁ], [ㄴ], [ㅇ]을 제외한 다른 자음들은 입안에서 소리를 낸다. 비강(nasal cavity)은 목젖이 아래로 늘어지면서 소리가 코로 들어갔을 때 공명실의 구실을 하는 곳이다. [ㅁ], [ㄴ], [ㅇ] 소리는 비강에서 난다. 그리고 모음 중 비음화(鼻音化)가 일어난 [ã], [õ]는 비강에서 나는 소리이다.

<그림 9> 공명기관

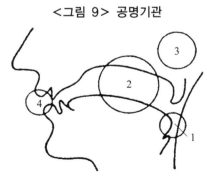

1. 인두강 2. 구강 3. 비강 4. 입술강

5. 말소리의 물리적 성질

사람들이 말소리를 확인하는 데에는 두 가지 다른 방법이 있다. 그 하나는 소리의 물리적 성질로서 말소리 정체를 확인하는 것이다. 앞에서 설명한 음성기관의 갖가지 작용과 부위의 미세한 차이를 모두 변별해 내어 인식하는 것이다. 그런가 하면 음성기관의 갖가지 작용과 부위의 미세한 차이를 있는 그대로 식별하지 않고서, 사람이 알고 있는 머릿속의 음으로 인식할 수도 있다. 이 중 전자를 먼저 살펴보기로 한다.

있는 그대로의 작용을 가지고 말소리를 변별하는 것은 말소리의 물리적 성질을 보는 경우가 된다. 예를 들어 "관광"이라는 말을 발음할 때 나오는 두 [ㄱ] 소리를 가지고 얘기해 보자. 앞의 [ㄱ] 소리('관'의 첫소리)와 뒤의 [ㄱ] 소리('관'에 이어지는 '광'의 첫소리)를 발음할 때 조음기관의 작용이 정확히 같은가를 관찰해 보면, 서로 다르다는 것을 알 수 있다. 앞 [ㄱ]을 발음할 때 성대는 진동하지 않는다. 그러나 뒤의 [ㄱ] 소리는 앞뒤의 유성음 소리에 영향을 받아 유성음화 된 [ㄱ] 소리가 된다. 그러므로 두 소리는 성대가 진동하고 안 하는 큰 차이가 생기게 되는 것이다.

우리는 이렇게 말소리의 물리적인 성질을 모두 고려하여 구별하는 소리를 특별히 "음성"이라 하고, 음성을 연구하는 것을 우리는 특별히 음성학이라고 한다.

음성학이란 음성을 연구하는 학문이다. 음성이란 사람이 음성기관(音聲器官)을 사용하여 내는 소리로 사람이 말을 하는 데에 중요하게 쓰인다. 말을 하는 데에 쓰이는 음성, 곧 언어음이 어떻게 발음되며 어떤 소리바탕(sound feature)으로 이루어져 있는가, 한 언어에는 어떠한 음성들이 사용되는가 하는 것이 음성학의 주된 과제이다. 이를 위하여 소리내는 방법을 관찰하고, 귀를 훈련하고, 기계까지 동원하여 음성의 특질을 파악한다.

　음성학 연구 분야를 세분하면, 말할이가 음성기관을 작동하여 말소리를 만들어 내는 과정을 연구하는 조음음성학, 말할이의 입을 통해 나온 소리가 들을이의 귀에까지 도달하는 과정을 연구하는 음향음성학, 들을이의 귓속에 전달된 음파의 청각적 효과와 청취 작용을 연구하는 청취음성학, 세 부분으로 대별된다. 참고로 이를 정리해 보면 다음과 같다:

(1) 조음음성학(調音音聲學, articulatory phonetics) ‒ 말할이가 음성기관을 작동시켜서 말소리를 만들어 내는 과정을 연구한다. 말소리를 조음하는 방법과 위치에 따라 만들어지는 소리를 다루는 것으로 말소리를 만드는 데 있어서 생리적이며 조음적인 면을 연구한다. 말하는 사람이면 누구나 말을 만들어내는 기관을 가지고 있기 때문에 가장 오랜 시간 동안 연구되어 왔고, 대부분의 음성학적 기술을 조음음성학적 방법에 의존하고 있다.

(2) 음향음성학(音響音聲學, acoustic phonetics) ‒ 말할이의 입을 통해 나온 소리가 들을이의 귀에까지 도달하는 과정을 연구한다. 말소리는 공기를 매질로 하는 음파(sound wave)를 만들어서 전달되므로 음성의 물리적, 음향적 속성을 연구한다. 2차 대전 이후 전자공학과 물리학의 발달에 힘입어 여러 기구들을 통한 연구가 이루어지고 있다.

(3) 청취음성학(聽取音聲學, auditory phonetics) – 들을이의 귓속에 전달된 음파의 청각적 효과와 청취 작용을 연구한다. 음파의 형태로 도달한 소리가 신경 계통을 통해 두뇌로 들어가서 들을이가 그 소리를 식별해 내는 과정을 연구하므로 음성의 인지적, 심리학적 면을 연구한다. 생리학과 신경학, 인지학의 발달과 더불어 연구되고 있으나 가장 밝히기 어려우며, 가장 조금 연구되어 있는 분야이다.

[말소리의 생성(입) -- 전달 (((((공기))))) -- 지각(고막 – 두뇌)]
　　　⇩　　　　　　　　⇩　　　　　　　　⇩
　조음음성학　　　　　음향음성학　　　　　청취음성학

이중 특히 음향음성학의 발달에 힘입은 현대의 문명이기(文明利器)에 대해 간략히 소개해 보기로 한다. 이 세상의 모든 소리는 음향적 특성을 가지고 있다. 이 음향적 특성을 오실로그래프(oscillograph), 음향분광사진기(音響分光寫眞機, sound spectrograph) 등에 의해 시각화할 수 있다. 그 모습을 인지하게 하거나 기억하게 하는 방식으로 자동음성응답기, 무인 상담 시스템, 음성인식기 등 편리한 생활용품이 발명되었다. 음향분광사진기로 측정하면, 각 음성은 고유한 수평띠(音形帶, formant)를 갖는다. 포만트는 각 소리의 음향에너지가 집중된 주파수 영역을 나타낸다.

<그림 10> 영어 모음의 포만트 모습

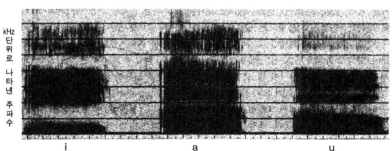

<김기호 외 역(2000: 123)>

포만트의 모습에 의해 소리를 컴퓨터로 식별하게 하는 원리를 이용하게 되는 것이다. 가령, 우리가 전화에 주민등록번호를 말하면, 다시 그 소리를 식별하여 해당 음성을 되풀이하여 확인하고, 그것을 문자화하는 일이 가능한 것이다. 또는 버튼에 의해 전원을 켜는 대신에 목소리로 "켜져라"를 들리게 하여 전원을 켜는 장치를 만들어 사용할 수도 있다. 자동 음성 호텔 예약, 범죄 수사에 이용하는 목소리 식별 등은 이러한 음향음성학의 발달에 힘입은 성과라고 할 수 있다.

6. 말소리의 심리적 성질

위에서 언급하였듯이 말소리를 머릿속의 소리로 인식하는 것은 말소리가 갖는 심리적 성질에 해당한다. 사람들이 심리적으로 말소리를 인식할 때 우리는 그 말소리를 특별히 "음운"이라 하고 음운을 연구 대상으로 하는 학문을 특별히 "음운론" 또는 "음운학"이라고 한다. 음운론(phonology)은 음소론(phonemics)이라고도 한다.

음성학적 관찰에서 확인된 음성이 어떠한 음운적 단위에 해당하고, 그와 같은 단위가 몇 개나 있으며, 또한 그것이 어떠한 체계 및 구조를 이루고 있고, 어떠한 기능을 하고 있는가 등을 음운론에서 연구하게 된다. 음운론은 심리적인 소리, 곧 음운을 연구 대상으로 하는데, 음운은 뜻을 표현하기 위해서 서로 대립되어 있음이 특색이며, 그 대립은 변별적 바탕에 기반을 두고 있다. 따라서 음운론에서는 소리바탕의 종류를 가르고 그 경중을 따진다. 음운론에서 할 가장 일차적인 일은 물리적 성질에 따라 변별되는 음성들에 대해 어떻게 음소 설정을 하는가 하는 일이다. 이 방법을 먼저 살펴보기로 한다.

6.1 음운(음소)의 정의(The Definition of Phonemics)

(1) 음성적 실재로서의 음운(음소)(The Phoneme as a Phonetic Reality)

음소가 음성적으로 실재한다는 물리적인 실재설의 개념이다. 이 견해는 어떤 언어의 음성을 일정한 방법으로 분류 정리하여 그것을 음소로 삼는다. 대표적인 학자로 Daniel Jones는 "음소는 어떤 언어에 있어서 음성들의 가족, 그 음성들은 성격상 서로 관계가 있고 그 중의 어느 한 음성도 낱말에서 다른 것과 동일한 환경에 쓰일 수 없다."고 하였다 (Daniel Jones, 1931). 또한 Bloomfield는 "음소는 음성의 변별적 음성자질의 최소 단위이며 음성자질의 전부가 음소는 아니다."라고 하였다 (Bloomfield, 1933).

(2) 음운론적 실재로서의 음운(음소)(The Phoneme as a Phonological Reality)

한 음소는 의미를 분별하기 위해 기능적인 작용을 할 수 있는 최소의 쌍이다. 이 견해를 피력한 대표적인 학자로 Trubetzkoy는 "한 음성의 음운론적으로 적절한 속성들의 총계다"라고 하였다(Trubetzkoy, 1939).

(3) 심리적인 실재로서의 음운(음소)(The Phoneme as a Psycological Reality)

음향적으로는 다른 소리를 마음속에서 심리적으로 대등하다고 느끼는 소리를 음소로 보는 것이다. 대표적인 학자로 Jakobson & Halle는 "화자가 [p]를 발음할 때마다 그것은 음향적으로 마지막 [p]음과 아주 동일한 것이 아니기 때문에, 화자는 그가 접근해보려고 시도했던 목표, 음성의 이상화된 모습 혹은 인상을 내재화하지 않으면 안 된다."고 하였다(Jakobson & Halle, 1952). 이에 대해 Twaddell(1935)은 우리가 접근할 수 없는 '심성'의 언어학적인 작업에 관해 추측해낼 권리가 없다며 비판한 바 있었다.

(4) 음운론적 자질로서의 음운(음소)(The Phoneme as a Phonological Features)

한 음운은 그 음운을 구성하는 구성요소인 변별자질의 묶음(co-ocurrent bundle of distinctive features)이다. 음운을 그 구성요소인 변별자질로 분석하는 음운자질 이론이 대두되면서 주장되었다. 예를 들면, /p/는 [무성성][양순성][폐쇄성][전방성][저해성] 등 여러 자질의 총화라는 것이다. 대표적인 학자로 Householder와 Halle 등이 있다(Householder, 1965).

6.2 음소 설정의 기준(음소 분석 방법)

조음적으로나 음향적으로 서로 다른 음인데도 화자나 청자가 한 소
리로 인식하는 음들을 묶어서 음소라고 부른다. 예를 들어, '라디오, 라
면'의 'ㄹ' 소리는 각기 설측음 [l]과 탄설음 [r]로 다르지만, 우리는 묶
어서 [ㄹ]로 인식한다. '아버지, 바보'의 'ㅂ' 소리는 각기 양순 폐쇄 유
성음 [b]와 양순 폐쇄 무성음 [p]으로 다르지만, 우리는 묶어서 [ㅂ]으
로 인식한다.

한 음소를 이루는 음들을 이음(異音, 또는 變異音, allophone)이라 한
다. 위에서 [l]과 [r]은 음소 /ㄹ/의 이음들이고, [b]와 [p]는 음소 /ㅂ/의
이음들이다. 음소를 표기할 때 빗금을 사용하며, 이음 중 하나를 대표
음으로 삼아 빗금 안에 넣어 표시한다. 곧, [k]는 음성 k 소리를 뜻하
며, /k/는 음소 k 소리를 뜻한다.

각 언어(또는 방언)에 나타나는 음성들을 조사하고 그 음성들이 어
떤 음소로 구성되는지를 살펴보는 일을 음소 분석이라 한다. 음소 분
석을 위해, 몇 가지 방법을 사용할 필요가 있다. 이를 정리하면 다음과
같다:

(1) 최소 대립(最小 對立, minimal pair)

소리의 차이로 의미가 달라질 때 그 두 소리는 대립되며, 각기 다른
소리로 간주한다. 최소대립 관계는 치환시험을 통해서 알 수 있다. 예
를 들어, '물'과 '불'은 [m]과 [p]의 교체에 의해서 뜻이 달라지는 단어가

되었다. 그러므로 ㅁ 소리와 ㅂ 소리는 각기 다른 음소이다. '장난'과 '장단'의 [n]과 [t], '발'과 '밤'의 [l]과 [m], '짜다'와 '차다'의 [c']와 [cʰ]도 최소대립을 보이므로, 각기 다른 음소로 간주한다. 그런데 치환시험을 했을 때 존재하지 않는 단어가 나올 수 있다. 예를 들면 '모기'의 첫소리를 'ㄹ'로 바꾸면 '로기'가 되는데, 한국어에서 쓰지 않는 단어이다. 그렇다하더라도 '모기'와는 다른 단어가 되었으므로 'ㅁ' 소리와 'ㄹ' 소리는 각기 다른 음소로 간주한다.

치환분석은 가장 확실한 음소분석 방법이긴 하지만, 서로 다른 위치의 음들끼리의 관계를 알아보는 데는 그리 유효하지 않다. 예를 들어 밥 [papˀ], 밭 [patˀ], 박 [pakˀ]에서 말음들이 서로 다른 음소임을 알 수 있는 것이다. 그런데 [p]와 [pˀ]가 같은 음소인지는 대립을 이용해 알아낼 수가 없다. 이것은 [p]가 어두 초성으로만 나타나고 [pˀ]가 종성으로만 나타나기 때문에 생기는 문제이다. 이런 경우에 두 음성은 서로 배타적 분포, 또는 상보적 분포를 한다고 말한다. 이 요건이 되면 다음 (2)의 설명을 참고해야 한다.

(2) 상보적 분포(相補的 分布, complementary distribution)

예를 들어, [p], [b], [pˀ] 세 음성은 모두 음소 /ㅂ/에 속하는 이음으로 쓰이는 자리가 서로 겹치지 않는다. 이것을 이음들끼리 서로 상보적 분포, 또는 서로 배타적 분포(排他的 分布, exclusive)를 가진다고 말한다. 이런 경우의 이음들을 조건변이음이라고 한다.

(3) 자유변이

이음들이 항상 상보적 분포를 하는 것은 아니다. [r]과 [l]은 둘 다 어두초성에 쓰일 수 있으나 대립하지 않으므로 같은 음소에 속하는데, 상보적 관계는 아니다. 이러한 것을 자유변이음(自由變異音)이라고 한다. 그러나 종성에서 [l]과 [r]은 서로 대치될 수 없으므로 상보적 분포이다. 이런 경우는 위에서 지적한 조건변이음에 속한다.

(4) 음성적 유사성

이것은 음향적으로 조음적으로 다르더라도, 화자, 청자가 같은 소리로 인식하는 것을 한 음소로 보는 것을 말한다. 상보적 분포를 보이는 음들, 예를 들어 한국어의 유성 자음([b], [d], [g] 등)과 무성 자음([p], [t], [k] 등)은 각기 음향적으로, 조음적으로 다르지만(예: [b]와 [p], [d]와 [t], [g]와 [k]), 화자와 청자가 같은 소리로 인식하는 것이다.

이상 살핀 것들이 바로 심리적 성질로서 말소리를 살피는 방법이 된다. 음성학(音聲學, phonetics)이나 음운론(音韻論, phonology)은 모두 언어음을 대상으로 하는 학문이라는 점에서는 다름이 없지만, 음성학은 언어음 자체의 음성 특성(sound feature)을 해당 언어의 의미 관여에 관계없이 객관적으로 규명하는 데 비하여, 음운론은 해당 언어의 의미 분화에 관련되는 언어음의 음성 특성, 즉 의미 변별적 특성에 주목하여 언어음을 관찰하게 된다. 요컨대, 음성학은 세상의 모든 언어들에서 관찰될 수 있는 물리적이고 청각적이며 조음적인 현실로서의 음을 세밀하게 연구하는데, 이에 반해서 음운론은 음들이 체계를 이루어 몸담고 있는 특정언어의 낱말들 안에서 나타나 의미를 표현하는 기능에 참여할 때의 규칙과 원리를 이끌어내려고 한다. 이것을 Kenneth Pike (1947)은 "Phonetics gives us raw material ; phonemics cooks it"(음성학은 우리에게 날 것의 자료를 주고 음소론은 그것을 요리한다)라고 하였다.

 생각샘

1. 우리가 소리나지 않게 이동하는 방법에 대해 얘기해 보시오.
2. 호수에 반짝거리는 물결, 왜 소리가 나지 않을까? 멀어서? 그렇다면 연두빛 이파리에 반짝거리는 봄빛, 왜 소리가 나지 않을까? 이에 대해 설명하시오.
3. 원숭이나 침팬지는 사람의 말을 이해한다. 그렇다면 원숭이는 언어음을 가졌다고 할 수 있을까?
4. 앵무새, 구관조, 까마귀 등은 사람의 말소리를 흉내낼 수 있다. 그렇다면 이들 새가 언어음을 구사하는 것이라고 할 수 있을까?

연습문제

1. **다음의 기술이 음성학 분야에 해당하는지, 음운론 분야에 해당하는지 구분하시오.**
   (1) '까치'는 4개의 음소로 이루어져 있다.
   (2) 'ㅊ' 음은 'ㅈ'과 'ㅎ'의 복합으로 이루어져 있다.
   (3) '부산'의 'ㅂ'은 약한 기식음을 수반하고 있는데, '비수'의 'ㅂ'은 그렇지 않다.
   (4) 흡착음(吸着音)(click)은 폐(肺)의 공기가 아니라 입안의 공기 폐쇄가 해제되는 과정에서 일어나는 공기에 의해서 소리난다.
   (5) 국제음성기호(I.P.A)로 세계 모든 음을 기술할 수 있다.

(6) 국어의 자음 수는 19개이다.

(7) 우리말의 'ㄹ'은 설측음, 탄설음, 전동음으로 발음된다.

(8) '나비, 곰보, 제비'의 'ㅂ' 음은 성대의 진동을 수반한다.

(9) 우리말의 단모음 수는 8개이다.

(10) 이중 모음에는 상승 이중모음과 하강 이중모음이 있다.

2. **선생님이 말하는 소리를 듣고 소리나는 대로 적어보시오.**
   (맞춤법 무시하고 발음대로 적기, 한글로)

   * 선생님이 읽어주실 내용(철자에 얽매이지 말고 선생님의 평소 발음으로 읽어주기)

      아버지의 세상은 어머니의 세상과 달랐다. 아버지는 언제나 금광에서 노다지를 캐는 꿈속에서 사셨고, 어머니는 그 꿈을 한없이 미워했다. 그래도 다행인 한 가지는 두 분이 꽃밭을 가꾸는 일만큼은 같은 정서였다는 것이다.

   * 우리가 인지하는 소리는 맞춤법에 얽매여 있음을 확인, 모음음가 정확히 인식하지 못함을 확인, 표준발음과 중부방언 발음의 차이 확인

3. **사람의 신체에서 음성을 내는 데에 관여하는 기관 중,**
   소리를 내는 데에 관여하는 발성기관으로는 (　　　)이 있고
   소리를 고루는 데에 관여하는 조음기관으로는
   (　　　), (　　　), (　　　), (　　　), (　　　) 등이 있다.

4. **음소 분석이란 각 언어에서 사용되는 여러 (　　　)들 중, 화자와 청자가 한 소리로 인식하는 음인(　　　)를 가려내는 작업을 말한다. 치환분석을 하였**

을 때 최소대립을 이루면 (   )로 분석한다. 상보적 분포를 이루었을 때
그 이 두 음은 (   )이라 부른다.

3. 모음과 자음은 단절없는 연속체이지만, 사람들은 이를 구분하여 분석한다.
   구분하는 동기에 대하여 간략히 기술하라.

   (1) 조음음성학의 입장에서:

   (2) 음향음성학의 입장에서:

   (3) 청취음성학의 입장에서:

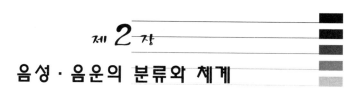

제 2 장

음성 · 음운의 분류와 체계

1. 음성과 음운의 구분

앞에서 말소리의 두 성질, 곧 물리적 성질과 심리적 성질을 살펴보았다. 말소리의 물리적 성질은 조음 위치와 방법, 소리 자질들의 서로 다름을 모두 식별하는 것을 말하고, 말소리의 심리적 성질은 물리적으로는 서로 다른 음이라도 사람들이 같은 소리로 인식하는 것을 말한다. 이러한 관점의 차이에 따라 전자를 음성(音聲, phone), 후자를 음운(音韻, phoneme)으로 구분하였다. 음성과 음운에 대한 개념을 정확히 하면서 한 언어 체계 속의 말소리를 파악하면, 언어의 내적인 특성 중 소리 단위가 의미를 갖는 형태 단위를 이루는 관련성을 더 잘 이해하게 되고, 소리와 철자와의 관련성을 체계적으로 이해하게 된다. 그리고 다른 언어의 음성, 음운 특성과의 관련성을 파악하는 데에도 편리하게 된다. 이제 다음에서 한국어 말소리의 체계를 분석하면서, 계속하여 음성과 음운의 구별을 하게 될 것이다.

2. 모음과 자음의 구분

음성을 분류하는 데 있어 가장 중요한 개념은 '모음(母音, vowel, 홀소리)'과 '자음(子音, consonant, 닿소리)'이다. 사실 말소리는 음파로 이루어져 있는 단절 없는 연속체인데, 우리는 이것이 모음과 자음으로 나누어진다고 생각한다. 이것은 영화를 볼 때 단절된 필름이 빨리 이어지는 것을 보면서 단절이 없다고 착각하는 것과는 반대의 현상이다. 왜 음성을 자음과 모음으로 가르는 것일까? 그 동기는 다음 세 가지로 설명될 수 있다.

(1) 조음음성학의 입장에서 볼 때, 자음은 소릿길이 좁아지거나 완전히 폐쇄됨으로써 그 사이로 공기가 지나가면서 만들어지는 소리로 막음이 있는 소리이다. 또한 자음을 소리낼 때는 성대 울림이 일어날 수도 있고 일어나지 않을 수도 있는데 모음은 성대 울림이 필수적으로 일어나는 소리이다.

(2) 음향음성학의 입장에서 볼 때, 자음은 음파의 모습이 불규칙적이지만 모음은 음파의 모습이 규칙적이다. 따라서 자음은 소음(騷音)에 가까운 소리이고 모음은 악음(樂音)에 가까운 소리이다. 자음은 음파의 진동수도 적고 소리가 지속되는 시간도 짧지만, 모음은 음파의 진동수도 크고 소리가 지속되는 시간도 길다.

<그림 1> 자음의 음파 모습과 모음의 음파 모습

 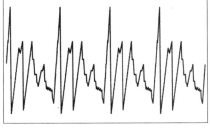

주기파 [a] 음의 파형   비주기파 [sh] 음의 파형

<고도흥 외(1995:30-31)>

(3) 청취음성학의 입장에서 볼 때 자음은 청취에너지가 작지만, 모음
은 청취에너지가 크다. 예스퍼슨(Jespersen)이 설정한 소노리티(sonority,
공명도)를 기준으로 보면 자음은 1도에서 5도에 해당되고 모음은
6도에서 8도에 해당되는 소리이다.

3. 한국어 모음의 체계

모음은 발동부인 폐로부터 나오는 공기의 압력으로 성대를 진동시키
며 나는 소리가 입안을 통해 어떤 장애도 받지 않고 나오는 소리이다.
모음은 혀와 아래턱의 움직임에 의해 변형되는 소릿길(성도, 聲道)의
모양, 그리고 입술의 모양에 의해 그 소릿값(음가, 音價)이 달라진다.
조음기관의 움직임에 의해 변형되는 소릿길의 모양이란, 혀의 어떤 부
위를 높이는가에 따라 구강과 인두의 넓이가 달라지고 따라서 공기압
도 달라지는 것을 말한다. 입술의 모양에 의해서 달라지는 소릿값은

입술 둥근 소리인가 입술 평평한 소리인가 하는 것을 말한다.

이 중 구강과 인두의 넓이에 의한 기술로써 모음의 소릿값을 기술할 수도 있으나, 우리는 일반적으로 혀의 높이에 따라, 그리고 입안의 소리나는 부위에 따라 모음의 소릿값을 기술한다.

(1) 기본 모음의 설정(基本母音, Cardinal Vowel)

기본 모음은 모음의 소릿값을 보다 정확히 기술하려는 목적으로 설정된 것인데 영국의 언어학자 다니넬 존스(Daniel Jones)가 처음 정하고 그 소릿값을 정확히 보여주었다. 예를 들어 영어의 sit의 [i] 소리와 불어의 si의 [i] 소리는 그 소릿값이 다른데, 그렇다면 각 나라의 서로 다른 모음에 대하여 각기 다른 부호를 마련해야 할 것인가 하는 문제가 생긴다. 각기 다른 부호를 만드는 것은 한없이 복잡한 부호 체계만을 생산해 낼 것이므로 이 방법은 실효성이 없을 것이다. 이에 기본 모음 체계를 만들어 놓고 각 언어마다 소릿값이 약간씩 다른 것에 대해서는 기본 모음과 비교하여 소릿값을 설명하는 것이 최선의 방법이겠다는 취지로 기본 모음을 설정하게 된 것이다.

<1차적인 기본 모음(Primary Cardinal Vowel)>

1차적인 기본 모음은 8개로 혀의 높이와 자리의 다름에 따라 결정된다:

(1) 혀를 입천장을 향해 막음이 일어나지 않는 한도 내에서 최대로 높이면서 최대로 내민다. - [i] <1번 기본모음>

(2) 반대로, 혀를 모음 성질을 잃지 않는 한도 내에서 최대로 낮
추면서 최대로 뒤로 당긴다. - [ɑ] <5번 기본모음>

(3) [i]에서 혀를 점점 낮추면서 청각상의 거리가 비슷하게 세 점
을 정한다. - [e] [ɛ] [a] <2번-4번 기본모음>

(4) [ɑ]에서 혀를 점점 높이면서 청각상의 거리가 비슷하게 세
점을 정한다. - [ɔ] [o] [u] <6번-8번 기본모음>

이 8개의 홀소리의 위치는 X-선 사진으로 확인되어 대략 다음과 같
이 나타난다(실제로는 타원형인데 도식에 편리하게 하기 위해 네모꼴
로 그린다). <1번 기본 모음 - 8번 기본 모음>

<그림 2> 다니엘 존스의 1차 기본 모음 사각도

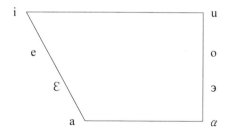

<2차적인 기본 모음(Secondary Cardinal Vowel)>

1차 기본 모음을 발음할 때 각각의 입술 모양은 그 혀 위치가 흔히
갖는 모습을 한다.

[i] [e] [ɛ] [a] [ɑ]는 입술이 둥글지 않는 평순(平脣)이고, [ɔ] [o]
[u]는 입술이 둥근 원순(圓脣) 상태가 된다. 이에 2차적인 기본 모음은
원순에 대해서는 평순으로, 평순에 대해서는 원순으로 내는 소리로 정
한다(이 중에œ와 Æ는 실제로는 어떤 언어에서도 별개의 모음 음소로

나타나지 않는다). <9번-16번>

또한 [i]와 [u] 사이에 청각상의 거리가 가운데 지점에서 나는 소리를 정하는데 평순의 소리를 [ɨ]라 하고 원순의 소리를 [ʉ]라 한다. <17번-18번 기본 모음>

<그림 3> 다니엘 존스의 2차 기본 모음 사각도

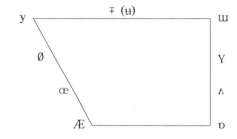

(2) 조음 위치에 따른 모음의 분류

모음은 발음 기관 안에서 어떤 저해를 뚜렷하게 받지 않기 때문에 모음이 어디에서 생성되는가를 정확하게 느끼는 일은 그리 쉽지가 않다. 청자들이 똑 같은 모음으로 지각했던 음성이 실제로 다른 여러 조음 동작을 쓰면서 생성될 수도 있다. 모음의 발음에는 조음점이나 조음체가 없어서 전통적으로 모음을 기술하기 위하여 혀의 높이와 혀의 앞뒤 위치와 입술 모양 세 가지 기준으로 분류하였다.

혀의 높이에 따라 고모음(高母音, high vowel), 반고모음(半高母音, half-high vowel), 반저모음(半低母音, half low vowel), 저모음(低母音, low vowel)이 있다. 국어 모음의 이[i], 으[ɨ], 우[u]는 입안의 높은 곳에

서 소리나는 고모음이다(입안의 높은 곳에서 나면서 혀의 위치도 높아진다). 국어 모음의 에[e], 어[ə], 오[o]는 입안의 높은 곳보다 조금 낮은 위치에서 나는 반고모음이다. 국어 모음의 애[ɛ], 어[ʌ]는 압안의 낮은 곳보다 조금 높은 곳에서 나는 반저모음이다. 국어 모음의 아[a]는 입안의 낮은 곳에서 나는 저모음이다(혀의 위치도 낮아져 있다).

입안의 소리나는 곳과 혀의 높이는 입을 벌리는 정도인 개구도(開口度, aperture)와 상관이 있다. 고모음은 턱이 좁게 열리게 되므로 폐쇄모음(close vowel)이 된다. 저모음은 턱이 넓게 열리는 개방모음(open vowel)이 된다. 그 가운데 들어가는 반고모음은 반폐쇄모음(half-close vowel, close-mid vowel)이 되고, 반저모음은 반개방모음(half-open vowel, open-mid vowel)이 된다. 반고모음과 반저모음을 합쳐서 중모음(中母音)이라고 부르기도 한다.

다음으로, 고모음의 [i], [ɨ], [u]는 **혀의 앞뒤 위치**에 따라 다른 모음이 되므로 이를 전설모음(前舌母音, front vowel), 중설모음(中舌母音, central vowel), 후설모음(後舌母音, back vowel)이라 한다. 반고모음의 [e], [ə], [o]도 전설, 중설, 후설로 나뉜다. 반저모음의 [ɛ], [ʌ]는 전설과 후설이다. 반저모음의 중설 모음은 국어에서는 나타나지 않는다. 저모음의 [a]는 중설모음이다.

다음으로, **입술 모양**에 따르는 분류가 있는데, 발음할 때 입술이 둥근 원순모음(圓脣母音, rounded vowel)과 평순모음(平脣母音, 非圓盾母音, unrounded vowel)이 그것이다. 위에서 얘기한 모음 중 전설의 [i], [e], [ɛ]와 중설의 [ɨ], [ə], [a]는 평순 모음이다. 후설 모음 중 [ʌ]는 평순 모음이고, [o], [u]는 원순 모음이다.

이상과 같은 기준으로 분류한 국어 모음을 표로 나타내면 다음과 같다.

혀의 높이 \ 혀의 앞뒤위치	전설모음	중설모음	후설모음
고모음	이 [i](평순)	으 [ɨ](평순)	우 [u](원순)
반고모음	에 [e](평순)	어 [ə](평순)	오 [o](원순)
반저모음	애 [ɛ](평순)		어 [ʌ](평순)
저모음		아 [a](평순)	

위 모음 이외에 국어 모음에는 위[y](전설 고모음 원순)와 외[ø](전설 반고모음 원순)가 있다. 그런데 현대 국어에서 이 두 모음은 단모음으로 발음되지 않기 때문에 이것은 이중모음으로 다룬다. 다만 중부방언과 전라방언의 노년층은 이 두 모음을 단모음으로 발음하기도 한다. 지역에 따라 세대에 따라 모음의 수와 음가가 다양한 차이를 보인다. 중부방언과 전라방언의 젊은 세대는 '에'와 '애'의 대립이 없다. 경상방언 대부분에서는 '으'와 '어'의 대립도 없다. 위 모음들 중에서 중설 반고 모음 어[ə]와 어[ʌ]는 음소로는 따로 설정되지 않지만 음성은 다른 변이음 관계로 보아야 한다. 대체로 [ə]는 '어'가 장음일 때와 단어의 첫음절이 아닌 곳에서 나타나고, [ʌ]는 단어의 첫음절에서 '어'가 단음일 때 나타난다(예: 어른[ə:rɨn], 어머니[ʌməni], 얼음[ʌrɨm]).

다니엘 존스의 기본 모음 사각도에 한국어 모음의 음역을 표시해 보면 <그림 4>와 같다. 그리고 발성기관에 국어의 모음점을 표시해 보면 <그림 5>와 같다.

<그림 4> 모음 사각도 상의 국어 모음의 음역   <그림 5> 음성 기관 내의 국어 모음 위치

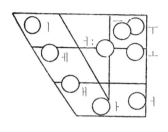 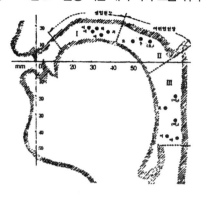

(3) 모음의 이름

어떤 사물을 식별했을 때 우리는 그 이름을 불러준다. 위에서 한 모음의 분류를 가지고 이제 모음의 이름을 불러 보자.

모음의 이름은 ① 입술 모양, ② 혀의 앞 뒤 위치, ③ 혀의 높낮이 순으로 부르는 것이 편리하다. 영어로 이름을 부를 경우, 이름 부르는 순서는 한국이름의 순서와 완전히 반대로 하면 된다. 한국어 이름과 영어 이름을 모두 불러 보자.

/이/ – 평순 전설 고모음, high front unrounded
/에/ – 평순 전설 반고모음(중모음), half-high front unrounded
/애/ – 평순 전설 반저모음(중모음), half-low front unrounded
/우/ – 원순 후설 고모음, high back rounded
/오/ – 원순 후설 반고모음, half-high back rounded
/아/ – 평순 중설 저모음, low central unrounded
/으/ – 평순 중설 고모음, high central unrounded

/어/ – [ə] 평순 중설 반고모음(장음, 첫음절 아닌 곳의 '어' – 인
어, 어른, 거리, 멀다)

[ʌ] 평순 후설 반저모음(첫음절의 단음 '어' – 어머니, 더
욱, 머리, 먹어, 너)

* 모음은 일반적으로 그 변이를 알기가 쉽지 않으나 /어/는
두드러진다. 이 경우, 짧게 날 때의 소리를 대표변이음으
로 삼아 음소 /어/의 이름을 "평순 후설 중모음"이라 할
수 있다.

국어의 모음 체계를 분류할 때, 혀의 위치 3구분과 혀의 높이 4구분
을 더 간략히 하기도 한다. 전설, 중설, 후설로 구분하지 않고 전설, 후
설의 둘로 구분하는 방법을 쓰기도 한다. 그렇게 할 때, 중설모음은 후
설로 간주하고, 후설 모음에서 평순과 원순을 구분하여 변별한다. 고모
음, 반고모음, 반저모음, 저모음으로 구분하지 않고 고모음, 중모음, 저
모음의 셋으로 구분하는 방법을 쓰기도 한다. 이렇게 구분한 체계는
다음과 같이 된다.

	전설모음	후설모음	
	평순	평순	원순
고모음	이	으	우
중모음	에	어	오
저모음	애	아	

한국어의 모음 중 "위"와 "외"는 그 소리값이 [y], [ø]로 나면, 이들을
단모음 체계에서 기술해 주어야 한다. 이 둘을 모두 단모음으로 인정
한 모음 체계는 다음과 같다.

	전설모음		후설모음	
	평순	원순	평순	원순
고모음	이(i)	위(y)	으(ɨ)	우(u)
중모음	에(e)	외(ø)	어(ʌ/ə)	오(o)
저모음	애(ɛ)		아(a)	

그러나 현대 한국어에서 "외"와 "위"는 일반적으로 [wɛ], [wi]로 나서, 이중모음값을 가진다. 이들은 특정적으로 일부 지역에서 아직 단모음으로 발음되기도 하는 것이다(예: 전라도의 "참외" 같은 단어에).

"에"와 "애" 모음은 현대인들이 거의 그 발음을 구분하지 않는다(예: "애벌레"를 [에벌레]로 발음). 이 두 발음이 다르다고 하는 규범을 지키는 것이 필요할 것이다.

(4) 한국어의 이중모음

이중모음(二重母音, dippthong)이란 소리를 내는 도중에 입술 모양이나 혀의 위치가 처음과 나중이 달라지는 모음을 말한다. 두 가지 소리값을 가지므로 조음방식이 중간에 변화하는 것이다. 조음방식이 변화한다고 하더라도 그 소리가 두 개의 다른 음절을 이루는 것이 아니라 하나의 음절을 이룬다는 특징이 있다. 곧 "아이"는 모음 둘로 이루어진 두 음절인데, 이런 것을 이중모음이라 하지 않고 "애"처럼 처음 시작하는 [j] 소리가 바로 다음 소리인 [ɛ]로 이어져 한 음절을 이루는 모음을 이중모음이라 한다. 이 경우 이중모음이 시작되는 첫 조음을 "반모음(半母音)"이라 부른다.

반모음이라는 뜻은 자음성을 반 가지고 있고 모음성을 반 가지고 있다는 것이다. 우리말에 반모음은 두 개가 있는데, 반모음 [j]는 경구개에서 나는 소리, 반모음 [w]는 연구개에서 나는 소리가 된다. 반모음이 자음체계에서 기술될 수 있는 소리 자질은 "과도음(approximant: 마찰적 소음이 일지 않는 접근음)" 또는 "활음(glide)"이다. 이중모음의 시작음은 거의 장애를 입듯 닫힌 상태에서 다음 음으로 빠르게 일시적인 소리 건너기 현상을 갖는다.

우리말의 이중모음은 다음과 같다. (12개)

반모음 / 단모음	이[i]	에[e]	애[ɛ]	우[u]	오[o]	아[a]	으[ɪ]	어[ʌ]
j계	*	예[je]	얘[jɛ]	유[ju]	요[jo]	야[ja]	의[ij]	여[jʌ]
w계	위[wi]	웨[we]	왜[wɛ]	*	*	와[wa]	*	워[wʌ]

[j]계 반모음은 [j]로 시작하여 다른 모음으로 옮겨가는 것과 다른 모음에서 시작하여 [j]로 끝나는 두 가지가 있음을 알 수 있다. "의"에 대해 [ɰi]로 음을 기술하기도 한다. [ɰ]는 [u] 조음상태에서 입술을 평순으로 만드는 [ɯ] 소리값이되, 다음 음으로 바로 넘어가는 과도적인 성격을 갖는다. [jo]의 [j]는 바로 이어지는 음이 원순모음이므로 원순화된 [ɥ]음이 된다. 이를 충실히 반영하여 소릿값을 표시하면 [ɥo]가 된다. [ju]도 역시 [ɥu]가 된다. [wi] 소리에서도 반모음 [w]는 [i] 소리 앞에서 구개음화 되어 [ɥ] 소리가 된다(예: 귀신 [ɥisin]).

그리고 단모음 체계에서 이중모음으로 제쳐 두었던 "외"와 "위"를 기술해야 할 것이다. 이들은 각각 [wɛ](또는 [we])와 [wi] 소리값을 가지게 되는데, 이중 "위"는 위에서 이미 기술되었고, "외"는 위 이중모음 중 "왜(또는 "웨")"와 같은 소리를 갖게 되어 한 개의 철자가 각기 다른 한 개의 소릿값을 갖는 원칙에서 벗어나게 되는 결과를 갖는다. 이는 원래 단모음이었던 것이 그 규범이 깨어지면서 초래된 혼란 현상이라고도 할 수 있다.

한국어의 이중모음의 소릿값을 모음사각도로 이해해 보면 다음과 같다.

<그림 6> 한국어 이중모음의 소릿값

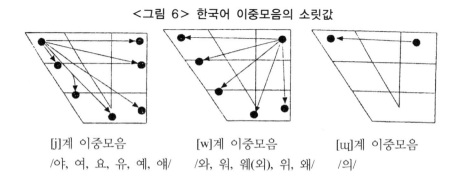

[j]계 이중모음　　　　[w]계 이중모음　　　　[ɰ]계 이중모음
/야, 여, 요, 유, 예, 얘/　/와, 워, 웨(외), 위, 왜/　/의/

4. 한국어 자음의 체계

자음은 소리가 발음되는 위치에 따라 분류하고 이름을 붙일 수 있다. 자음을 발음할 때 관련되는 발음기관에는 스스로 움직이는 조음체(또는 능동부)와 스스로 움직이지 못하고 소리나는 장소를 제공하는 조음점(또는 고정부)가 있다. 능동부에는 아랫입술과 혀가 있는데, 혀는 다시 혀끝, 앞혓바닥, 뒤혓바닥으로 구분된다. 고정부에는 윗입술, 윗니, 치조, 경구개, 연구개가 있다(이 책의 1장 참고). 자음을 조음되는 위치에 따라 나누어 부를 때 조음점의 명칭을 따르기도 하고 조음체의

명칭을 따르기도 한다. 치음, 치조음, 경구개음, 연구개음 등은 조음점의 이름을 따른 것이고, 설단음, 전설음, 후설음 등은 조음체의 이름을 따른 것이다. 한국어의 자음 체계를 기술하면 다음과 같다.

[한국어의 자음 체계] (19개)

조음방식＼조음점	양순음	치조음	경구개음	연구개음	성문음
폐쇄음 (파열음)	ㅂ[p] ㅍ[pʰ] ㅃ[p']	ㄷ[t] ㅌ[tʰ] ㄸ[t']		ㄱ[k] ㅋ[kʰ] ㄲ[k']	
마찰음		ㅅ[s] ㅆ[s']			ㅎ[h]
파찰음			ㅈ[c] ㅊ[cʰ] ㅉ[c']		
비음	ㅁ[m]	ㄴ[n]		ㅇ[ŋ]	
설측음		ㄹ[l]			

위 자음체계에 더 넣을 것이 있다면, 이중모음을 구성하는 과도음 [j]와 [w]이다. 그러나 이 두 음은 음운에 해당하지 않고 음성에 해당한다. 위의 표는 음운(또는 음소)을 중심으로 그린 체계이다. 위 자음체계를 참고하면서 한국어의 자음을 설명해 보기로 한다. 음소를 중심으로 설명하되, 각 음소에 관련되는 변이음도 함께 설명한다.

(1) 폐쇄음(閉鎖音, plosive, stop) - /ㅂ,ㅍ,ㅃ,ㄷ,ㅌ,ㄸ,ㄱ,ㅋ,ㄲ/

폐쇄음은 입술이나 입안의 어떤 자리를 막았다가 날숨으로 거기를 터뜨려서 내는 소리이다. 그러므로 파열음(破裂音, 터짐소리)이라고도 한다. 폐쇄음에는 조음위치(調音位置)가 다른 양순음(兩脣音, bilabial), 치조음(齒槽音, alveolar), 연구개음(軟口蓋音, vealr, soft palatal)의 세 종류가 있다. 이 음들은 각각 조음방법의 차이에 따라 연음(軟音, lenis, 또는 평음, 平音), 유기음(有氣音, aspirate), 경음(硬音, fortis)의 셋으로 나뉜다.

양순음은 두 입술을 막았다가 터뜨리면서 나는 소리로, 평음 /ㅂ/ ([p],[b],[p']), 유기음 /ㅍ/([pʰ]), 경음 /ㅃ/([p'])이 있다. 평음(=예사소리)은 조음기관의 긴장도가 낮아 약하게 파열되는 소리로 연음이라고도 한다 (특별한 다른 조음을 수반하지 않는 음이라고 하여 평음이라고도 한다). 유기음(=거센소리)은 폐쇄음의 파열 이후 다음 모음 소리가 나기 전에 성대 마찰을 수반하는 [h]와 같은 소리, 곧 "기(氣)"를 수반하여 내는 음이다. 한국어의 양순 폐쇄 유기음은 /ㅍ/([pʰ])이다. 경음(=된소리)은 폐쇄음의 파열이 일어나면서 폐쇄된 성문에 긴장을 수반하는 음이다. 한국어의 양순 폐쇄 경음은 /ㅃ/([p'])이다. 평음 /ㅂ/([p])는 무성음(無聲音, voiceless sound)인데, 유성음(有聲音, voiced sound) 사이에서는 유성음화 되어 양순 폐쇄 유성음 [b]로 소리난다(예: 아버지, 아부). 곧 [p]와 [b]는 조건 변이음 관계에 있는 음들이다. 또한 평음 /ㅂ/은 음절의 끝에서는 닫히는 소리에서 끝나고 파열이 진행되지 않는 내파음(內破音, implosive)으로 소리난다(예: 압제, 굽). 양순 폐쇄 내파음은 [p'] (또는 [p˺], [p'])으로 표시한다.

치조음은 혀끝과 잇몸에서 조음되는 소리로, 평음 /ㄷ/([t],[d],[t']), 유기음 /ㅌ/([tʰ]), 경음 /ㄸ/([t'])이 있다. 치경음(齒莖音)이라고도 한다.

연구개음은 혀의 뒷부분과 연구개에서 나는 소리로, 평음 /ㄱ/([k], [g], [k']), 유기음 /ㅋ/([Kʰ]), 경음 /ㄲ/([K'])이 있다.

(2) 마찰음(摩擦音, fricative) - /ㅅ,ㅆ,ㅎ/

마찰음은 조음기관의 어느 부분이 좁아져서 그 통로를 공기가 비집고 나오면서 마찰하여 나는 소리로 치조음 /ㅅ/([s]), /ㅆ/([s']), 성문음 /ㅎ/([h])이 있다.

치조음 /ㅅ/([s])은 혀끝이 잇몸 뒷벽에 아주 가까이 접근하여 마찰을 일으키는 소리이다(예: 산나물, 산토끼, 선생님). 이 음은 그 소리나는 환경에 따라 구개음화된 [ɕ], 구개음화되고 원순음화된 [ʃ], 유성음화된 [z]로 소리나서 변이음을 이룬다. 전설 고모음 /이/나 경구개 반모음 /j/ 앞에서는 구개음화된다(예: 신[ɕin], 오셔서[oɕʌsə]). 원순 전설 고모음 /위/ 앞에서는 [ʃ]가 된다(예: 쉼터[ʃi:mtʰʌ], 아쉬운[aʃiun]). 경상도 방언에서는 유성음 사이에서 [z]가 된다(예: [kjəzanŋdo]).

치조음 /ㅆ/([s'])는 전설 고모음 /이/ 앞에서 구개음화된 [ɕ'] 변이음을 갖는다(예: 물씬[mulɕ'in], 씨앗[ɕ'iat']).

성문음(glottal) /ㅎ/([h])은 폐로부터 나오는 기류가 성문을 통과하면서 성문 마찰을 일으키는 소리이다. 이 음은 전설 고모음 /이/나 경구개 반모음 /j/ 앞에서 구개음화되어 경구개마찰음 [ç]이 되고 후설 고모음 /으/ 앞에서는 연구개마찰음 [x]가 된다(예: 힘[çim], 현대[çəndɛ], 향수[çaŋsu], 흙[xɨk'], 흑산도[xɨk's'ndo]).

(3) 파찰음(破擦音, affricate) - /ㅈ,ㅊ,ㅉ/

파찰음은 파열과 마찰이 함께 조음되어 나는 소리로 경구개음(硬口蓋音, palatal) /ㅈ/[c], /ㅊ/[cʰ], /ㅉ/[c']이 있다. /ㅈ/는 소리나는 환경에 따라 무성음 [c], 유성음 [ʥ], [z] 변이음을 갖는다(예: 잠[cam], 남자[nam ʥa], 아줌마[azumma]).

(4) 비음(鼻音, nasal) - /ㅁ,ㄴ,ㅇ/

비음은 입안의 통로를 막고 코로 소리를 내보내는 음이다. 양순음 /ㅁ/([m]), 치조음 /ㄴ/([n]), 연구개음 /ㅇ/([ŋ])이 있다. 이 소리들은 모두 공명을 일으키는 유성음이다.

/ㅁ/ 소리는 두 입술을 닫고 연구개를 내려 폐로부터 나오는 기류를 비강을 통해 내보내면서 조음한다. 양순 파열음 /ㅂ/과 조음동작이 매우 비슷하나 연구개가 하강해서 비강 통로가 열린다는 점이 다르다. 이 음은 받침 소리와 유성음 환경에서도 역시 같은 음이다. /ㄴ/ 소리는 혀끝과 혓날을 윗잇몸에 대고 연구개를 내려 기류를 비강으로 내보내면서 조음한다. 이 음은 전설 고모음 /이/나 경구개 반모음 [j], 그리고 경구개 파열음 /ㅈ, ㅊ, ㅉ/ 앞에서 구개음화된 [ɲ] 소리로 발음된다 (예: 선생님[sʌnsɛŋnim], 남녀[namɲə], 산장[saɲʥaŋ]).

(5) 설측음(舌側音, lateral) - /ㄹ/

설측음(= 혀옆소리)은 혀끝을 윗잇몸에 대면서 혀의 양 옆으로 내는 소리이다(예: 돌[dol]). 유성음 환경에서 탄설음 [ɾ]로 발음되기도 한다. 탄설음(彈舌音)은 혀끝이 잇몸에 한 번 닿았다 떨어지며 조음되는 소리이다(예: 노래[noɾɛ]).

이상에서 설명한 음들은 곧 한국어의 자음 음성들이 된다. 이는 앞에서 제시한 음소 체계보다 더 많은 수의 음이다. 각 음들이 변이음을

가졌기 때문이다. 자음의 변이음의 종류를 다시 모아 보면 다음과 같
다:

  (1) 음절 끝(받침소리)에서: [p˺], [t˺], [k˺]
  (2) 유성음 사이 환경에서: [b], [d], [g], [ʥ], [z]
  (3) 모음 /이/나 반모음 [j] 앞에서: [ɕ], [ɕʼ], [ʨ], [ɲ]
  (4) 이 밖의 특별한 환경에서: [ʃ], [x]

5. 국제음성자모(IPA – International Phonetic Alphabet, 國際音聲字母)

 국제음성자모는 국제음성기호, 또는 국제음성부호라고도 하며, 주로
로마자를 이용하여 언어음을 표시하기 위해 고안된 것이다. 1888년 국
제음성학협회에서 제정하였으며 이후 지속적으로 개정되어 왔다.
 다음 표는 자음의 국제음성기호표이다(*모음의 국제음성기호는 앞의
기본모음사각도의 기호와 같으므로, 다시 제시하지 않는다).

THE INTERNATIONAL PHONETIC ALPHABET(revised to 1993)

	Bilabial	Labio-dental	Dental	Alveolar	Post-alveolar	Retroflex	Palatal	Veolar	Uvular	Pharyn-geal	Glottal
Plosive	p b		t	d		ʈ ɖ	c ɟ	k g	q ɢ	╳	ʔ ╳
Nasal	m	ɱ		n		ɳ	ɲ	ŋ	N		
Trill	ʙ			r				╳	R	╳	╳
Tap or Flap				ɾ		ɽ		╳		╳	╳
Fricative	ɸ β	f v	θ ð	s z	ʃ ʒ	ʂ ʐ	ç ʝ	x ɣ	χ ʁ	ħ ʕ	h ɦ
Lateral fricative	╳	╳		ɬ ɮ						╳	╳
Approximant	╳	ʋ		ɹ		ɻ	j	ɰ		╳	╳
Lateral-Approximant	╳	╳		l		ɭ	ʎ	L		╳	╳

Where symbols appear in pairs, the one to the right represents a voiced consonant. Shaded areas denots articulations judged impossible. (* 이 표에서 음영 대신 빗금으로 처리함.)

위의 국제음성기호표(자음)에서, 빗금 친 부분은 사람이 실제로 발음할 수 없는 경우가 된다. 그 조음 위치에서 그러한 조음방식으로 나올 수 있는 음은 없다는 뜻이다. 그밖에 빗금은 안 쳤지만 음성기호는 없는 부분은 실제로 사람이 발음낼 수는 있는 음이지만, 언어음에서 실제로 쓰이지 않는 소리가 된다.

국제음성기호표에는 위와 같은 자음부호 표 아래에 구별부호(DIACRITICS)와 다른 기호들(OTHER SYMBOLS)를 제시하고 있고, 그 옆에 평순모음사각도, 원순모음사각도를 제시하여 모음부호를 제시하고 있다.

위의 표에는 이 책의 앞 절 한국어 자음 설명에 등장한 것 외에도 여러 개의 자음이 있는데, 다음과 같은 음들이다.

양순음의 떨음소리(Trill) [ʙ]

양순음의 마찰음 [ɸ] [β]

순치음(脣齒音, Labiodental) [ɱ] [f] [v] [ʋ]

치조음 전동음(Trill) [r]

치조음의 마찰음 [θ] [ð] [ʒ]

치조음의 설측마찰음 [ɬ] [ɮ]

권설음(Retroflex) (捲舌音) [ʈ] [ɖ] [ɽ] [ʂ] [ʐ] [ɻ] [ɭ]

경구개음 [ʝ] [ʎ]

연구개마찰음 [x] [ɣ]

연구개설측마찰음 [ʟ]

목젖소리(口蓋垂音) [q] [ɢ] [N] [χ] [ʁ]

인두음(咽頭音) [ħ] [ʕ]

성문음(聲門音, glottal) [ʔ] [ɦ]

위의 음들은 한국어에서는 사용되지 않는다. 외국어에서 사용되는 음 중 몇 개만 설명해 본다. [ɸ]는 일본어의 가타까나 ㄱ의 관서 이서 방언의 소리라고 한다. 영어 'triumph'의 [f] 음 앞의 m은 [ɱ]이 된다. 이 음은 [m]을 조음할 때와 같이 공기를 코로 흘려보내면서 윗니를 아랫 입술에 가볍게 대는 소리이다. 영어 'thin, thank'의 첫음이 [θ]이다. 영어 'try, dry'의 'r' 음은 [r]이다. 권설음은 혀를 말아 올려 내는 소리인데, 힌두어와 중국어에서 많이 사용된다.

앞 절에서 국어의 자음들을 살필 때 등장한 음성기호가 위의 국제음 성자모표에는 없는 것이 있다. 국어 /ㅅ/의 변이음인 구개음화된 [ɕ] (예: 신[ɕin], 오셔서[oɕʌsʌ])는 I.P.A.에서 OTHER SYMBOLS로 제시되 어 있다. 곧, "ɕ, ʑ Alveolar-palatal fricative(치조 구개 마찰음)"로 제시되 어 있다. 원래 소리나는 자리에서 옮겨 간 음으로 기본 표에는 들어있 지 않다. 반모음 w와 ㅟ(구개음화된 [w], 예: 귀신 [ɥisin])도 OTHER

SYMBOLS로 제시되어 있다. [R]은 불어 [r]의 변종이다. [ʔ]은 국어 된 소리의 자질이 되어 국어의 된소리 표기를 [kʔ], [tʔ], [pʔ]로 쓸 수도 있 다. [ɦ]는 [h]의 유성음이다. 국어에서도 유성음 사이의 'ㅎ' 소리는 이 소리로 날 수 있다. 영어의 hehind, boyhood에서와 같은 경우의 [h]는 [ɦ]로 소리난다. [ʎ]는 설측음 [l]의 구개음화된 소리이다. 국어에서 '달 력, 공략'의 뒷 'ㄹ' 소리는 이 소리로 난다.

영어의 모음 음가 [æ]는 [ɛ]보다 개구도(開口度)가 좀더 큰 [ɛ]의 변 종이다(국제음성자모표에는 다니엘 존스가 제안한 기본 모음 외에 몇 개의 모음이 더 추가되어 있다).

생각샘

1. 불어 단어 'coup'는 그 음이 [ku]이고 뜻은 '구타'이다. 불어 단어 'gout'는 그 음이 [gu]이고 뜻은 '입맛'이다. 또한 불어 단어 'qui'는 음이 [ki]이고 뜻은 '누가'이다. 이와 대응되는 소리로 'gui [gi](겨우살이)'가 있다. 불어 에서 [k]와 [g]는 한국어에서의 [k]와 [g]의 역할과 어떻게 다른가?

2. 훈민정음의 철자법에는 양순폐쇄음 [p](평음), [ph](유기음), [p'](가벼운 유기음)뿐만 아니라, [b](유성음)을 전사하기 위하여 'ㅂ[p]'와 'ㅸ[β]'을 나타냈다. 세종은 이 두 음을 혼동할 수가 없었던 것이다. 이후 'ㅸ' 표기 는 사라진다. 그러나 우리말의 우비, 갈비의 각각의 'ㅂ'음은 [b], [β]으로, 옛 표기 'ㅸ'의 소리가 남아 있다. 이 역사적 변천을 음운론적으로 어떻게 설명할 수 있을까?

연습문제

1. 어떤 사물을 식별했을 때 우리는 그 이름을 불러줍니다. 다음 모음의 이름 (우리말 이름)을 불러 주세요.

   (1) [i]

   (2) [e]

   (3) [ε]

   (4) [y]

   (5) [ø]

   (6) [Λ]

   (7) [u]

   (8) [o]

   (9) [∂]

   (10) [a]

2. 자음의 이름을 불러 주세요. 한국어의 자음 이름은 ① 성대진동, ② 조음 위치, ③ 조음 방법의 순으로 부르는 것이 편리합니다. 경음과 유기음인 경우에는 한국어 이름에서 이 자질을 맨 뒤에서 부릅니다. 한국어 이름과 영어 이름을 모두 불러 봅시다.

   (1) [p] 무성 양순 파열음 voiceless bilabial plosive

   (2) [k]

   (3) [t]

   (4) [b] 유성 양순 파열음 voiced bilabial plosive

   (5) [g]

(6) [d]

(7) [p'] 양순 파열 경음 tensed bilabial plosive

(8) [m]

(9) [l]

(10) [h]

(11) [n]

3. 다음 이름에 해당하는 음성기호를 적어 보자.

(1) (유성) 연구개 비음

(2) 무성 치조 마찰음

(3) 유성 양순 파열음

(4) 무성 연구개 파열음

(5) 무성 경구개 파찰음

(6) (유성) 양순 비음

(7) 유성 치조 설측음

4. 다음의 조음자질을 영어로 말하고 거기에 해당하는 음성기호를 적어 보자.

(1) 유성 마찰음

(2) 성문음

(3) 무성 연구개 폐쇄음

(4) 치조음

(5) 유성 파열음

5. 한국어의 자음 체계표에 해당하는 음을 써 넣으시오. (한글과 IPA)

조음방식＼조음점	양순음	치조음	경구개음	연구개음	성문음
폐쇄음 (파열음)					
마찰음					
파찰음					
비음					
설측음					

6. 국어 모음 분류표에 해당 음을 써 넣으시오.

혀의 높이＼혀의 앞뒤위치	전설모음	중설모음	후설모음
고모음			
반고모음			
반저모음			
저모음			

7. 다음 모음 사각도의 음역에 해당하는 음을 써넣으시오.

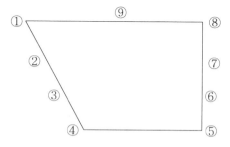

8. 다니엘 존스는 왜 기본모음을 설정하였는가? 우리는 이 기본모음값을 익

힘으로써 어떤 효과를 얻는가?

9. 다니엘 존스의 기본모음 중 1번 모음과 4번 모음에 대하여 설명하시오.

10. 다음 단어를 소리나는 대로 I.P.A.로 표기해 보세요.

1) 일요일에 도자기를 구으러 오셔요

2) 아쉽지만 남녀 함께 입장할 수 없어요.

3) 어른들이 귀신을 그렇게 무서워하나요?

4) 불황에 틈새를 공략하라.

5) 새 신을 신고 뛰어보자 팔짝.

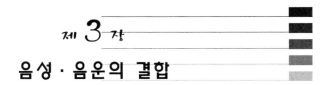

제 3 장
음성·음운의 결합

1. 음절

자음이나 모음과 같은 분절음(分節音)이 이어지면 분절음보다 더 큰 음운론적 단위가 되는데, 그것이 곧 음절(音節, syllable)이다.

음절은 다음과 같은 특성을 지닌다.

1) 음절은 하나 이상의 분절음으로 구성된다. '아' /a/는 한 분절음이, '야' /야/는 두 분절음이, '딸' /t'al/은 세 분절음이, '관' /kwan/은 네 분절음이 한 음절을 구성한 예이다. 그런데 '맑다'와 같은 예에서 표기상의 단위인 음절자(音節字)와 '막따' /mak/+/t'a/는 구별해야 한다.

2) 음절은 더 이상 쪼갤 수 없는 최소의 발음가능한 단위이다. 음절을 둘 이상으로 쪼개면 쪼개진 조각 중 적어도 하나는 발음할 수

없는 조각이 된다. 예를 들어 음절 '순'은 그 자체로 발음가능한 단위인데, 'ㅅ'과 '운'으로 쪼개든 '수'와 'ㄴ'으로 쪼개든 발음할 수 없는 ㅅ, ㄴ과 같은 조각이 생겨난다. 이것은 음절을 발음가능한 단위로 만들어주는 성절음(成節音, syllable segment)이 한 음절에 하나씩만 들어 있기 때문에 생기는 특성이다.

3) 음절은 '(초성) + 중성 + (종성)'의 구조를 가지는데 중성은 필수적인 성분이고 중성에는 반드시 성절음이 하나가 들어 있다.

4) 음절에는 운율적 요소(강세, 음장, 성조 등)가 걸린다.

2. 음절구조(syllabic structure)

음절의 구조는 다음과 같다.

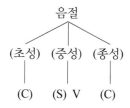

* C(consonant, 자음), S(semi-vowel, 반모음), V(vowel, 모음)
* 소괄호는 생략 가능함을 나타낸다.

음절은 음절성분(音節成分)인 초성(初聲), 중성(中聲), 종성(終聲)으로 구성되는데, 필수적인 음절성분은 중성이고, 초성과 종성은 수의적(隨意的)이다. 초성과 종성은 각각 자음 하나씩으로 구성된다. 중성은 단순모음이나 이중모음으로 구성된다.

　음절의 구조 유형은 위에서 살핀 것과 같은 유형으로 C-S-V-C의 단층적인 것으로 볼 수도 있지만, 각 언어권에 따라 계층적인 구조를 상정하는 경우도 있다.

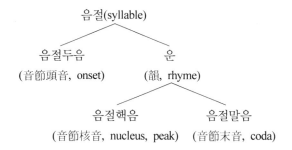

　음절구조는 음절성분 차원에서 4가지 유형이 있고, 분절음 차원에서는 8가지 유형이 있다.

<음절구조의 유형>

음절성분	분절음	예
중성	V	어
	SV	여
초성+중성	CV	거
	CSV	겨
중성+종성	VC	언
	SVC	연
초성+중성+종성	CVC	건
	CSVC	견

종성이 없는 음절을 개음절(開音節, open syllable)이라 하고 종성이 있는 음절을 폐음절(閉音節, closed syllable)이라 한다. 위의 예에서 '어, 여, 거, 겨' 같은 것들은 개음절이고, '언, 연, 건, 견'과 같은 것들은 폐음절이다.

성절성(成節性)을 갖는 모음은 음절구성의 필수 성분으로 음절핵(音節核, syllable nucleus)이라고 한다. 영어에서는 자음이 음절핵이 될 수 있다. 영어 단어의 예로 'film [film], bottle [bɔtl], button [bʌtn], bottle [bɔtl], rhythm [riðm]'은 두 음절소리이다. 두 번째 음절의 음절핵이 자음이 되는 예이다. 성절을 이루는 자음을 특히 성절 자음(syllabic consonant)라고 한다.

이에 비해, 영어의 high[hai], how[hau], hay[hei], go[gou], boy[bɔi], foul[faul], here[hiə]의 [i], [u]는 모음이지만, 그 앞이나 뒤에 그보다 더 큰 소리가 있어서 꼭대기를 이루지 못한다. 이러한 소리를 비성절 모음(non-syllabic vowel)이라 한다.

음성학적으로 음절은 공명도가 큰 분절음에 공명도가 작은 분절음들이 양쪽에 달려 있는 모습을 하고 있다. 공명도(共鳴度, sonority)는 같은 조건에서 발음했을 때 멀리 들리는 정도인데, 가청도(可聽度)라고도 한다. 공명도의 대소관계는 대체로 '장애음 <공명자음 <반모음 <고모음 <중모음 <저모음'이다. 음절의 최대구조 CSVC에서 공명도가 가장 큰 성절음 V가 봉우리를 형성하고, 공명도가 그 다음으로 큰 S가 V에 기대고 있으며, 공명도가 작은 C가 양쪽에서 중성에 기대고 있다.

* 공명도(共鳴度, sonority)는 청취적 측면에서 소리의 크기 정도를 말하는 것으로 Jespersen(1904)에서는 다음과 같은 공명도를 제시하였다(소리의 크기는 입을 벌리는 크기와 성대의 진동과

관련이 있다).

공명도 : 1 °   무성 자음 p, t, k, f, s 등
        2 °   유성 폐쇄음 b, d, g 등
        3 °   유성 마찰음 v, z 등
        4 °   비음 및 설측음 m, n, l 등
        5 °   전설음 및 탄설음 r, ɹ 등
        6 °   폐모음(고모음) i, ɨ, u 등
        7 °   반폐모음(중모음) e, ɛ, o, ɔ 등
        8 °   개모음(저모음) a, ɑ 등

이러한 공명도 등급에 의하여 "visit"와 "방문"이란 단어에 대해 다음과 같은 음절분석을 할 수 있다. 즉, "visit"는 공명도 등급에 있어서 3-6-3-6-1로 분석되므로 가장 강한 '6'이 각각 음절정점이 되므로 이 단어는 2음절로 분석된다. "방문"은 공명도 등급에 있어서 1-8-4-4-6-4로 분석되므로 '8'과 '6'이 각각 음절정점이 되므로 이 단어는 2음절로 분석된다.

  * 공명도와 흡사한 개념으로, 간극도(間隙度, aperture)가 있다. 이
    는 조음적 측면에서 입의 개폐(開閉) 정도를 말하는 것이며,
    Saussure(1916)에서는 다음과 같은 간극도를 제시했다.
    간극도 0 : 폐쇄음
           1 : 마찰음
           2 : 비음
           3 : 설측음
           4 : 고모음
           5 : 중모음
           6 : 저모음

3. 음절구조와 음절연결에 관련된 제약

1) 분절음의 제약

분절음이 음절성분을 구성하는 데에는 제약이 있다.

① 초성제약(初聲制約) - 초성을 구성할 수 있는 분절음은 ㅇ을
제외한 18자이다.
* 어두초성 ㄹ도 제약이 있으나, 외래어의 영향으로 크게 약
화되었다(라면, 러시아, 로보트, 리본).
② 중성제약(中聲制約) - 중성을 구성하는 것은 단순모음과 이중
모음 전부이다. 이중모음은 반모음과 단순모음의 연결인데,
여기에는 제약이 있다. 반모음 [j]는 고모음 [이], [으]와 연결
될 수 없고, 반모음 [w]는 원순모음 [우], [오]나 고모음 [으]와
연결될 수 없다.
③ 종성을 구성할 수 있는 자음은 ㄱ,ㄴ,ㄷ,ㄹ,ㅁ,ㅂ,ㅇ의 7자음이
다. 우리말의 문자 표기에는 많은 자음이 다 쓰일 수 있으나,
받침에 나오는 소리는 이 일곱 가지 밖에 없다. 이 밖의 소리
들은 음성적으로 딱 닫히는 소리가 아니므로 음절의 종성이
될 수 없다.

2) 분절음연결제약

음절성분들이 연결될 때도 분절음끼리의 연결에 제약이 있다. 초성
과 중성이 연결될 때 일어나는 제약이다 : 초중성연결제약

① 양순음 초성과 단순모음 '으'는 연결되기 어렵다. 즉 '브, 쁘,

프, 므'로 시작하는 음절은 없다. [으] 소리는 입술을 펴야 하는 소리인데, 양순음 소리는 입술을 닿게 해야 하는 소리이기 때문에 아주 어려운 발음이 되기 때문이다.

② 파찰음 초성과 j계 이중모음은 연결되기 어렵다. 즉 '쟈, 져, 죠, 쥬, 쟤, 졔, 쨔, 쩌, 쬬, 쮸, 쨰, 쪠, 챠, 쳐, 쵸, 츄, 챼, 쳬'로 시작하는 음절은 없다.

③ 어두음절의 초성이 ㄴ인 경우에 '이'나 j계 이중모음이 중성으로 오기 어렵다. 즉 '냐, 녀, 뇨, 뉴, 녜, 냬, 니'로 시작하는 음절은 어두에 오기 어렵다.

(예외: /냐:옹, 뉴:쓰, 니은, 니켈/)

이상의 초성제약, 중성제약, 종성제약, 초중성연결제약은 한 음절을 구성할 때의 문제이므로, 음절구조제약이라고 한다.

3) 음절연결제약

음절들이 연결되는 데에도 제약이 있다. 이를 음절연결제약, 또는 음소배열제약이라고 한다. 올바른 음절구조를 가진 음절이라도 음절과 음절이 연결될 때, 앞 음절의 종성과 뒤 음절의 초성 사이에는 어울리지 못하는 제약이 있다.

뒷음절 초성 앞음절 종성	평음	경음	유기음 (ㅎ 제외)	ㅎ	ㅁ	ㄴ	유음
장애음	×	○/×	○	×	×	×	×
비음	○	○	○	○	○	○	×
유음	○	○	○	○	○	×	○

① 앞음절 종성이 장애음(ㅂ,ㄷ,ㄱ,ㅈ,ㅅ 등)이면 뒤음절 초성으로는 경음과 유기음(ㅎ 제외)만 가능한데, 종성이 ㄷ일 때는 초성으로 ㅆ이 올 수 없다. 따라서 다음과 같은 음성의 바뀜이 일어난다.
/늑대/ → /늑때/, /국밥/ → /국빱/, ‖ /온쏘매/ → /오쏘매/ ‖ /박혈따/ → /바켤따/ ‖ /늑막염/ → /능마겸/ ‖ /밴머리/ → /밴머리/, /예삳일/ → /예산닐/, /콘날/ → /콘날/ ‖ /갑론/ → /감론/ → /감논/, /석란/ → /성란/ → /성난/, /석류/ → /성류/ → /성뉴/

② 앞음절 종성이 ㄹ이면 초성으로 ㄴ이 올 수 없다. 따라서 다음과 같은 음성의 바뀜이 일어난다.
/달님/ → /달림/

③ 뒤음절 초성 ㄹ은 앞음절 종성이 ㄹ일 때만 올 수 있다. 따라서 다음과 같은 음성의 바뀜이 일어난다.
/논리/ → /놀리/, /신라/ → /실라/

다음 절에서 살필 음운 결합 규칙(곧, 음운현상) 중에는 음절제약과 관련된 것이 많다. 원순모음화(앞으로→아푸로), 평폐쇄음화(앞→압), 자음군 단순화(앉고→안꼬)는 음절구조제약 때문에 생기는 음운현상이다.

4. 음운 결합 규칙

위에서는 음절연결의 관점에서 서로 연결될 수 없는 제약을 살폈다.

이제 음운과 음운이 연결될 때 일어나는 음운 결합 규칙에 대하여 살펴보기로 한다. 음운이 결합될 때 소리가 바뀌는 것은 기본적으로 음절연결제약 때문이다. 음절이 바로 연결될 수 없는 제약이 생길 때 음운이 다른 것으로 바뀌는 현상이 일어난다. 이러한 것을 우리는 음운규칙(音韻規則, phonological rule) 또는 음운과정(音韻過程, phonological process)이라고 한다.

음운규칙은 분절음의 관점에서 대치, 탈락, 첨가, 축약, 도치 등의 유형이 있다. 또한 변화가 일어나는 음운 환경의 관점에서 동화(同化, assimilation), 이화(異化, dissimilation)의 유형이 있다. 음운규칙 중 많은 경우가 동화에 해당하는데, 동화는 다시 다음과 같은 유형으로 나뉜다. 비슷해지는 정도에 따르는 완전동화, 부분동화가 있다. 그리고 동화가 일어나는 방향에 따르는 순행동화, 역행동화의 유형이 있고, 동화를 일으키는 음과 동화되는 음의 인접 정도에 따르는 직접동화, 간접동화가 있다.

음운규칙을 위의 유형에 따라 살펴볼 수도 있으나, 여기에서는 먼저 자음과 관련되는 음운규칙을 먼저 살피고, 다음에 모음에 관련되는 음운규칙을 살피면서, 각 음운규칙이 위 제시한 유형들 중 어디에 해당하는지를 지적하기로 한다. 또한 각 음운규칙은 대부분이 공시적으로 일어나는 것이지만, 경우에 따라 통시적으로 음운 변천을 일으킨 경우에 해당하는 것도 있다. 이런 점도 함께 언급하기로 한다. 또한 음운의 변이음 사이에서 일어나는 이음과정(異音過程)도 뒤에서 언급하기로 한다.

\<음운규칙의 종류\>

* 자음과 관련된 음운규칙	* 모음과 관련된 음운규칙
(1) 비음화	(18) 전설모음화('이'모음역행동화, 움라우트)
(2) 유음화	(19) 모음조화
(3) 조음위치동화(변자음화)	(20) 반모음화
(4) 폐쇄음첨가	(21) 원순모음화
(5) 폐쇄음탈락	(22) 동모음탈락
(6) 경음화	(23) '으' 모음탈락
(7) 격음화(유기음화)	(24) 'j' 첨가
(8) ㄴ첨가	(25) 모음축약
(9) 구개음화	(26) 단모음화(單母音化)
(10) 음절말 중화	* 운율과 관련된 음운규칙
(11) 겹받침단순화(자음군 단순화)	(27) 단모음화(短母音化)
(12) 두음법칙	(28) 보상적 장모음화
(13) ㅎ탈락	* 이음과정
(14) ㄷ탈락	(29) 불파음화
(15) ㄹ탈락	(30) 유성음화
(16) 연음규칙	(31) 설측음화
* 모음, 자음과 관련된 음운규칙	(32) 구개음화
(17) 음운도치(음운전위)	(33) 탄설음화

그러면, 위에서 제시한 표의 음운규칙을 차례대로 살펴보기로 한다.

4.1 자음과 관련된 규칙

(1) 비음화

비음화(鼻音化)는 크게 두 종류로 나누어 볼 수 있다. 먼저 장애음의 비음화 현상이다. 비음이 아닌 폐쇄음(ㅂ,ㄷ,ㄱ)이 비음(ㅁ,ㄴ) 앞에서 비음(ㅁ,ㄴ,ㅇ)으로 바뀌는 음운현상이다(ㅂ→ㅁ, ㄷ→ㄴ, ㄱ→ㅇ). 비음화는 단어 경계를 넘어서도 적용되며, 생산적이고 규칙적인 음운현상이다.

> 예) 밥 먹는다→[밤 멍는다], 믿는다→[민는다], 무럭무럭→[무렁무럭], 무척 많다→[무청만타], 능막염→[능망념], 생각만큼→[생강만큼], 꽉 물다→[꽝물다], 막는다→[망는다], 엮는다→[영는다], 굽는다→[굼는다], 국문법→[궁문뻡], 국물→[궁물], 밥물→[밤물], 잡는→[잠는], 저녁마다→[저녕마다]

음절말 중화나 겹받침단순화로 생겨난 폐쇄음도 비음화된다. 다음 예의 앞음절 'ㅍ, ㅅ' 같은 것은 음절말 중화로 'ㅂ, ㄷ' 음으로 바뀐 후 비음화 과정을 겪는다. 또한 'ㄿ, ㅄ' 같은 겹받침은 겹받침단순화로 'ㅂ'으로 바뀐 후 비음화 과정을 겪는다.

> 예) 앞만(→압만)→[암만], 못 만나(→몯 만나)→[몬 만나], 닦는(→닥는)→[당는], 뱃머리(→밷머리)→[밴머리], 읊는다(→읍는다)→[음는다], 저녁마다→[저녕마다], 끝나다→[끈나다], 늦는다→[는는다], 값나가다(→갑나가다)→[감나가다], 흙내(→흑내)→[흥내], 놓는다(→녿는다)→[논는다], 옷맵시→[온맵씨], 앞마당→[암마당], 윷놀이→[윤노리]

이 음운과정은 앞에서 본 음절연결제약 중 앞음절 종성이 장애음인 경우는 뒷음절 초성으로 ㅁ, ㄴ을 만날 수 없는 현상으로 인한 것이다.

비음화는 자음동화 중의 하나이며, 앞의 것이 뒤의 것을 닮아 바뀌므로 역행동화이다. 완전동화일 때도 있고(닫는다→[단는다]), 부분동화

일 때도 있다(잡는다→[잠는다]). 그리고 직접동화이며, 분절음의 관점
에서는 '대치'가 된다.

    비음화의 또 한 가지 경우는 유음의 비음화 현상이다. ㄹ이 비음 뒤
에 오면, ㄹ이 비음에 동화되어 ㄴ으로 바뀌는 음운현상이다. 이는 앞
음절 종성 비음이 뒷음절 초성 유음과 연결될 수 없는 음절연결제약에
기인한다.

> 예) 종로→[종노], 공론→[공논], 궁리→[궁니], 강릉→[강능], 대통
> 령→[대통녕], 감로주→[감노주], 금리→[금니], 남루→[남누],
> 담력→[담녁], 침략→[침냑], 금리→[금니], 등록→[등녹], 결단
> 력→[결딴녁]

    그런데, 앞의 음절 종성이 ㅂ, ㄷ, ㄱ인 경우에도 결과적으로 비음화
가 일어나게 된다. 이는 ㅂ, ㄷ, ㄱ이 ㄹ을 만나 일단, 공명성이라는 점
에서 동화의 요인이 될 수 있는 비음 ㅁ, ㄴ, ㅇ으로 바뀐다. 그런데 이
는 또다시 음절연결제약에 걸리므로 이번에는 ㄹ이 ㄴ으로 바뀌는 비
음화가 일어나게 된다. 결국 ㄹ의 비음화 현상이란 ㄹ이 폐쇄음과 비
음 뒤에 오면 ㄴ 소리로 바뀌는 음운현상이라고 할 수 있다(ㄹ→ㄴ).

> 예) 입력(→임력)→[임녁], 갑론을박(→감론을박)→[감논을박], 압
> 력(→암력)→[암녁], 석란(→성란)→[성난], 석류(→성류)→[성
> 뉴], 막론(→망론)→[망논], 백리(→뱅리)→[뱅니], 협력(→혐
> 력)→[혐녁], 십리(→심리)→[심니]

    앞선 교재에서 위와 같은 경우의 비음화 현상에 대하여, 어떤 요인

이 동화 요인이 되는가 하는 점에 대해서는 일치하지 않는 점이 있다. 김정아(2000:155-160)에서는 음운과정의 순서를 "입력→입녁→임녁"으로 보면서, 동화의 요인을 [±continuent] 자질로 설명했다. 그러나 이 음운과정은 위와 같이 설명하는 것이 더 타당성이 있다고 생각한다. 신지영 외(2004:208)에서는 이 음운과정을 "입력→임력→임녁"의 순서로 보면서 장애음의 비음화가 일어난 후 다시 설측음의 비음화가 일어난 것으로 기술하고 있다.

다음 예들은 ㄴ이 ㄹ을 만나 ㄹ이 ㄴ으로 바뀌는 비음화 현상이다.

> 예) 음운론→[으문논], 청산리→[청산니], 이만리→[이만니], 보문
> 로→[보문노], 선릉→[선능], 온랭전선→[온냉전선], 임진란→
> [임진난]

그런데 이런 경우 대부분은 ㄴ이 ㄹ로 바뀌는 유음화 쪽을 택한다 (예: 광한루→[광할루], 산란기→[살란기], 천리만리→[철리말리]). 다음에 설명할 유음화 현상을 더 본 후 이 문제를 다시 거론하기로 한다.

유음의 비음화 현상은 순행적 동화이다. 유음 ㄹ이 비음 ㅇ, ㅁ을 만나 ㄴ이 되는 경우는 공명자질만 동화된 것으로 부분동화가 되며, 비음 ㄴ을 만나 ㄴ으로 되는 경우는 완전동화가 된다. 유음 ㄹ이 폐쇄음 ㅂ, ㄷ, ㄱ을 만난 경우에는 폐쇄음이 먼저 공명자질만 동화된 비음이 된 후 다시 음절연결제약에 의해 유음이 비음화되는 과정을 거치게 된다. 부분동화라고 할 수 있다.

(2) 유음화

유음화(流音化)는 ㄴ이 ㄹ을 만나서 ㄹ로 바뀌는 음운현상이다. 유음화는 크게 두 유형, 곧 순행적 유음화와 역행적 유음화로 나누어 생각해야 한다. ㄹ이 ㄴ의 앞에 온 경우는 순행적 유음화가 되고, ㄹ이 ㄴ의 뒤에 온 경우는 역행적 유음화가 된다. 순행적 유음화는 단어 경계에 상관없이 ㄹ이 ㄴ을 만나기만 하면 일어나는 강력한 음운현상이다. 역행적 유음화는 단어 내부에 국한되며, 한자어에서만 일어나는데, 일부 한자어의 경우, 유음화가 일어나지 않는다.

ㄹ-ㄴ(→ㄹ-ㄹ)
예) 달님→[달림], 불노초→[불로초], 일년→[일련], 돌나물→[돌라물], 칼날→[칼랄], 아들네→[아들레], 앓는다→[알른다], 훑는다→[훌른다], 핥는다→[할른다], 일할남자→[이랄람자], 잘넘어라→[잘러머라], 밥을남김없이→[바블람김업씨]

ㄴ-ㄹ(→ㄹ-ㄹ)
예) 천리만리→[철리말리], 난리→[날리], 곤란→[골란], 연루→[열루], 열녀→[열려], 찰나→[찰라], 불능→[불릉], 산란기→[살란기]
예외) 음운론→[으문논], 판단력→[판단녁], 동원령→[동원녕], 청산리→[청산니], 이만리→[이만니], 보문로→[보문노]

이 음운과정은 앞에서 본 음절연결 제약 중 앞음절 종성의 비음은 뒷음절 초성으로 유음을 만날 수 없고, 앞음절 종성의 유음은 뒷음절 초성으로 ㄴ을 만날 수 없는 제약에 기인한다. 위에 제시한 유음화의 예외는 이 연결제약을 피하기 위해 유음의 비음화 현상 쪽을 택한 경우라고 할 수 있다. 그러면, 왜 이러한 예외 현상이 일어나서, ㄴㄹ 연쇄가 ㄴㄴ으로 실현되기도 하고(유음의 비음화) ㄹㄹ(역행적 유음화)로 실현되기도 하는 두 경우가 생기게 되는지에 대해 생각해 보기로 한다.

(a) 본래→[볼래], 신라→[실라], 간략→[갈략]
(b) 음운론→[으문논](?으물론), 청산리→[청산니](?청살리), 보문로→[보문노](*보물로)
(c) 탄력성→[탈력썽](*탄녁썽), 산란기→[살란기](*산난기)

통시적으로 역행적 유음화와 ㄹ의 비음화는 경쟁 관계에 있었던 것으로 생각된다. 그런데 역행적 유음화가 더 이른 시기에 일어났다. 이후 ㄹ의 비음화가 일어나면서, 경쟁관계에 놓이는 (b)의 예들이 생겨나게 된 것이다. (a)의 예들은 본래 하나의 단어로 굳어져 있었으므로, 역행적 유음화로 발음되었고, 이후 시기에 생긴 ㄹ의 비음화가 간섭할 여지가 없었다. 그런데 (b)의 예들은 "음운"과 "론"의 결합 과정이 인지되므로 단어 경계 인식이 있었을 것이고, 역행적 유음화는 단어 내부에서 일어나는 제약 때문에 유음화가 일어나지 않은 것이다. 이 과정에서 "론"이 음절 초성으로 인지되는 두음법칙이 생각될 수 있었다. 따라서 "논"이 되며, 이는 ㄹ의 비음화가 적용되는 결과가 된 것이다. 그리고 이 [으문논]이 표준발음으로 채택되었다. 그러나 사람에 따라 [음울론]이라고 발음하는 경우도 있다. (c)의 예들은 '탄'과 '력'이 결합되는 과정이 인지되지 않는 예라고 할 수 있다. 그러므로 단어 내부에서 일어나는 역행적 유음화가 일어난 것이다(이진호, 1998, 81-120).

유음화는 자음동화의 하나로, 완전동화이며, 직접동화이다.

위에서 설명한 비음화와 유음화가 바로 한국어의 자음동화(子音同

化) 또는 자음접변(子音接變)이라고 통칭하는 세부 내용이 된다. 그러면, 위의 내용을 포함하여 자음동화를 다시 설명해 보기로 한다.

> 자음동화 : 음절의 끝 자음이 뒤에 오는 자음과 만날 때에, 어느
> 한쪽이 다른 쪽을 닮아서 그와 비슷하거나 같은 소리
> 로 바뀌기도 하고 양쪽이 서로 닮아서 두 소리가 다
> 바뀌기도 하는 현상. 'ㅂ,ㄷ,ㄱ'이 'ㅁ,ㄴ' 앞에서 각각
> 'ㅁ,ㄴ,ㅇ'이 되고(밥물→[밤물], 붇는다→[분는다], 약
> 물→[양물]), 'ㅁ,ㅇ'과 'ㄹ'이 만나면 'ㄹ'이 'ㄴ'이 되고
> (삼림→[삼님], 상록수→[상녹쑤]), 'ㅂ,ㄷ,ㄱ'과 'ㄹ'이
> 만나면 각각 'ㅁ,ㄴ,ㅇ'과 'ㄴ'이 되고(법률→[범뉼], 몇
> 리→[면니], 역량→[영냥]), 'ㄴ'이 'ㄹ' 앞에 오거나 뒤
> 에 오거나 'ㄴ'이 'ㄹ'로 변함(전라도→[절라도], 칼날
> →[칼랄]). (금성판 국어대사전 인용)

통시적으로 유음이 탈락한 예들이 있다. 예를 들면 "겨우내, 아드님, 소나무, 부나비" 같은 것들이다. 역사적으로 유음 탈락이 유음화보다 이른 시기에 일어났다고 볼 수 있다.

(3) 조음위치동화(변자음화)

앞의 비음화, 유음화는 그 환경이 되면 필수적으로 일어나는 음운현상이었는데, 이 조음위치동화(調音位置同化)는 수의적(隨意的)인 음운현상이다. 개인적인 방언이나 지역 방언에서 나타나는 것으로 표준발음에서는 이 음운현상의 적용을 인정하지 않는다.

조음위치동화란 ㄷ,ㄴ은 양순음 앞에서 각각 ㅂ,ㅁ으로(ㄷ→ㅂ, ㄴ→ㅁ), 연구개음 앞에서 각각 ㄱ,ㅇ으로 바뀌고(ㄷ→ㄱ, ㄴ→ㅇ), ㅂ,ㅁ도

연구개음 앞에서 각각 ㄱ,ㅇ으로 바뀌는(ㅂ→ㄱ, ㅁ→ㅇ) 음운현상이다. 양순음과 연구개음은 구강의 주변위치에서 조음되므로 변자음(邊子音)이라 한다. 이 조음위치동화는 구강의 가운데 위치에서 변자음으로 바뀌므로 변자음화라고도 한다.

> 예) 엿보다→[엽뽀다], 팥빙수→[팝삥수], 절반만→[절밤만], 신발
> →[심발], 신문→[심문], 믿고→[믹꼬], 홋카이도→[혹카이도],
> 안기다→[앙기다], 한 개→[항개], 밥그릇→[박그른], 입고→
> [익꼬], 감기→[강기], 임금님→[잉금님]

(4) 폐쇄음 첨가(중복자음화)

폐쇄음 첨가는 폐쇄음과 파찰음의 경음과 유기음 앞에서 조음위치가 같거나 가까운 평폐쇄음 ㅂ,ㄷ,ㄱ이 수의적으로 첨가되는 음운현상이다. 이 음운현상은 표준발음으로 인정되는 것은 아니다.

> 예) ㅂ첨가 : 가쁘다→[갑쁘다], 재빨리→[잽빨리], 아프다→[앞프
> 다]
> ㄷ첨가 : 어떠냐→[얻떠냐,] 이틀→[읻틀], 바테→[받테], 가짜
> →[갇짜], 수치→[숟치]
> ㄱ첨가 : 베끼다→[벡끼다], 지키다→[직키다]

이 음운현상은 앞의 모음 발음 후 뒤의 경음과 유기음의 발음을 위해 폐쇄의 단계로 들어가는 과정에서 첨가되는 음이 생겨나는 것이라고 할 수 있다. 폐쇄음첨가 현상을 중복자음화라고도 불리는데, 모든 자음에서 일어나는 것이 아니고, 동일한 자음이 중복되는 것도 아니므로 적절한 명칭은 아니라고 본다.

(5) 중복자음감축

평폐쇄음(平閉鎖音) ㅂ,ㄷ,ㄱ이 조음위치가 같은 폐쇄음·파찰음의 경음과 유기음 앞에서 수의적으로 탈락하는 음운현상이다. 즉 ㅂ이 ㅃ, ㅍ 앞에서 탈락하고, ㄷ이 ㄸ,ㅌ,ㅉ,ㅊ 앞에서 탈락하며, ㄱ이 ㄲ,ㅋ 앞에서 탈락하는데, 이 현상은 수의적인 것이다.

> 예) ㅂ탈락 : 고집뿐→[고지뿐], 집 팔고→[지팔고]
> 　　ㄷ탈락 : 받더라→[받떠라]→[바떠라], 옷 털고→[오털고],
> 　　　　　　얻습니다(→*얻씀니다)→[어씀니다], 묻소(→*묻
> 　　　　　　쏘)→[무쏘]
> 　　ㄱ탈락 : 적고→[적꼬]→[저꼬], 꼭 끼다→[꼬끼다]

이 음운현상은 앞음절말의 폐쇄음 발음이 동일한 조음위치의 다음 음절의 발음과 과 만나면, 동일한 조음위치에서 두 음으로 다 또박또박 발음하기 전에는 그냥 지속되어 이어지는 음이 되게 된다. 특히 폐쇄음의 경음, 유기음은 그 시작 단계에서 폐쇄의 효과가 있으므로, 자연히 앞 음절 발음 효과를 갖게 된다.

이 음운현상을 평폐쇄음화라고도 하는데, 이렇게 이름을 붙인다면 뒤에서 살필 ㄷ 탈락도 포함하는 것이 되므로 적절한 이름이 아니다. 중복자음감축이라는 말도 엄밀히 말하면 'ㄷ'과 'ㅌ', 'ㅂ'과 'ㅃ', 'ㄱ'과 'ㄲ'은 동일자음은 아니므로 적절하지 않다고 볼 수도 있다.

(6) 경음화

경음화(硬音化)는 매우 여러 경우에 발생하는 음운현상이라서 앞에

서와 같은 몇 환경을 제시하는 것으로 설명되기 어렵다. 기본적으로, 경음화는 앞음의 미파화(未破化)와 동시에 성문 폐쇄가 일어나면 인두 강의 내부 압축기류가 생겨나 후두근육의 긴장이 일어나고, 동시에 뒤에 오는 장애음을 경음화시키게 되는 음운현상을 말한다. 그러나 현대 인의 강한 어조의 경향에 의해 이러한 음운적 여건이 아닌 경우에도 경음화가 발생한다. 그러므로, 경음화의 설명은 종류를 좀 나누면서 접근하는 것이 이해에 좋을 것이다.

먼저, 가장 기본적인 경음화에 걸맞는 경우부터 보기로 한다. 다음의 예들은 선행자음의 미파화에 의해 실현되는 경음화 현상이다. 이 경우는, **ㅂ,ㄷ,ㄱ 뒤에서 평음 ㅂ,ㄷ,ㄱ,ㅈ,ㅅ,**이 경음으로 바뀐다는 설명이 적용된다.

> 예) 습진→[습찐], 잡고→[잡꼬], 숟가락→[숟까락], 듣지→[듣찌],
> 국밥→[국빱], 걱정→[걱쩡], 적발→[적빨], 먹고→[먹꼬], 숯불
> →[숟뿔], 풋사과→[푿싸과], 짚신→[집씬]

위와 같이 경음화의 동기가 명백한 음운환경에서는 한자어, 고유어 모두 적용된다. 이상과 같은 음운환경에서는 언제나 경음화가 일어나 므로 자동적인 경음화라고 구분할 수 있다.

그러나 경음화의 동기가 명백하지 않은 음운환경에서도 경음화가 일어난다. 먼저, 선행음절이 공명자음인 경우에도 후행자음을 경음화시키는 경우를 보기로 한다.

> 예) 안고→[안꼬], 안과→[안꽈], 감고→[감꼬], 검지만→[검찌만],
> 곰국→[곰꾹], 강바람→[강빠람], 물결→[물껼], 할 것→[할껃],

갈 데→[갈떼], 할수록→[할쑤록]

예외) 안구→*안꾸, 검도→*검또, 감기(感氣)→*감끼, 감전→*감
쩐, 강박→*강빡, 갈고→*갈꼬, 달고→*달꼬

위의 예와 예외를 보면, 동일한 음운환경에서도 경음화가 일어나기
도 하고, 일어나지 않기도 하는 것을 볼 수 있다. 음절말의 공명음도
미파화가 일어나지만, 이들의 미파화는 청각적으로 분명하지 않을 뿐
더러 이들 미파화가 경음화의 음성적 동기가 되는지도 분명하지가 않
다. 그리고 위의 예들에서처럼 예외 현상이 많이 나타나므로, 이런 경
우에는 순수한 음운론적 현상을 넘어서서 형태론적인 요소를 고려해야
하는 비자동적 경음화로 간주하게 되는 것이다.

공명음과 장애음이 만나서 경음화를 일으키는 경우를 하나씩 짚어보
기로 한다. 먼저, **관형형어미 '-(으)ㄹ' 뒤**에서 경음화가 일어난다. 이
현상은 관형형어미가 15세기 문헌에는 '-ㅭ'으로 표기되어 있었던 사실
에서 그 연유를 찾을 수 있다. '-ㆆ' 형태는 관형형어미인 동시에 뒤의
소리를 경음화 시키는 역할을 한 것으로 간주된다. '-ㆆ'는 경음화 요소
인 후두긴장 [ʔ]가 된다. 현행 한글맞춤법에서는 '-ㆆ'이 표기되지 않지
만, 음의 관습에 의한 경음화는 남아 있다고 보는 것이다. 그러나 이러
한 환경에서 전적으로 경음화가 일어나지는 않는다. 이러한 현상에 대
해 김정아(2000)에서는 관형형어미 뒤의 경음화는 특정의 의존명사 부
류와 관련되는 현상이라고 기술하고 있고, 이호영(1996)에서는 관형어
와 명사 사이의 말토막 경계가 부과되는가의 여부로 보아, 부과되면
경음화가 안 일어나고, 부과되지 않으면 경음화가 일어나는 것으로 설
명하였다. 다음 예에서 밑줄 친 부분이 경음화와 관련되는 곳이다. 아

래의 예14)는 경음화가 일어나는 경우이고, 예외)는 경음화가 일어나지
않는 경우이다.

>예) 할 것이다, 잘 데가 없어, 갈 곳은, 알 바가 아냐, 결혼할 분이
>야, 살지도 몰라, 볼 걸 그랬지, 잘 생각할게, 네가 모를 수 있
>니? (필수적)
>화낼 짓, 옷 살 돈, 갈 사람, 알다가도 모를 사람, 만날 사람,
>죽을 지경 (수의적)

>예외) 선물 살 돈, 먹을 사과, 먹을 비빔밥, 내가 먹을 자두, 받으
>실 상품, 감동을 줄 사람, 빨리 만나야 할 사람
>(김정아, 2000의 예문, 김태경, 1999, 이호영, 1996, 배주채,
>1996의 예문 참고)

다음으로, 표기에는 없지만 **사이시옷의 존재가 인지될 때** 경음화가
일어난다. 사이시옷은 'ㄷ'으로 음절말 중화가 되어 폐쇄음이 되고, 다
음 음운을 경음화시킬 여건을 만든다. 표기에 이미 사이시옷이 들어
있는 경우는 굳이 따로 설명할 필요가 없을 것이다. 이 경우는 위의 자
동적 경음화에 해당하기 때문이다. 사이시옷이 없는 경우란, 앞음절에
이미 받침이 들어 있기 때문에 더 이상 사이시옷을 쓸 공간이 없는 데
에 기인한다. 사이시옷이 표기되지 않아도 사이시옷의 존재를 인지하
는 것은 주로 의미상으로 복합어를 구성하는 앞 뒤의 단어가 수식 관
계나 소유 관계가 인지되는 경우라고 할 수 있을 것이다. 가령, '잠자
리'가 잠을 자는 자리인 경우에는 '잠'과 '자리' 사이의 관계를 맺는 사
이시옷의 존재를 인지하게 되어 경음화가 일어난 '[잠짜리]'가 되지만
곤충 '잠자리'는 단순어이므로 사이시옷의 존재를 인지할 수 없고 따라

서 경음화도 일어나지 않는 것이다. 또한 '죄인/중죄'의 경우에는 경음화가 일어나지 않으나, '사기죄[쬐], 살인죄[쬐], 괴실상해죄[쬐]'의 경우에는 경음화가 일어나는 것도 단순어와 복합어의 개념과 사이시옷의 개념으로 설명할 수 있을 것이다. 그러나 그 분간이 그리 명쾌한 것은 아니라서 경음화 현상의 설명에는 많은 어려움이 있다. 또한 고유어 복합어, 고유어와 한자어의 복합어의 경우에는 의미적 유속 관계로서 대략 설명이 되는 점이 있으나, 한자어 복합어의 경우에는 그렇지 못하다. 한자 낱 글자가 의미는 가지고 있으나 우리말에서 단독으로 사용되지 않는 것들이라서 그러한 인지가 어렵기 때문이다.

　다음의 예에서는 고유어 복합어와 고유어와 한자어의 복합어 예로, 의미적으로 사이시옷을 인지하면서 경음화가 일어나는 예이다.

　　　예) 명사 + 명사 : 유속복합어(有屬複合語)
　　　　　보름-밤, 그믐-달, 밤-거리, 힘-줄, 꿈-속, 손-바닥, 손-등, 산-길,
　　　　　돈-주머니, 눈-사람, 등-불, 장-독, 창-가, 등-줄기, 술-병, 발-바
　　　　　닥, 술-독, 밀-가루, 널-조각, 물-새, 나루-배, 계-돈, 고추-가루,
　　　　　전기-줄, 귀-속, 잠-자리(잠을 자는 자리), 발-걸음

　　　예외) 금-부처, 구름-다리, 문-단속, 콩-밥, 이슬-비, 굴-젓, 보리-밭,
　　　　　돼지-고기

　　　예) 어간(관형형 어미) + 명사 : 유속복합어
　　　　　길-짐승, 날-짐승, 들-숨, 자물-쇠, 열-쇠

　다음의 어형에서는 이러한 현상이 일어나지 않는다.

예) 명사 + 명사 : 대등복합어
봄-가을, 손-발, 논-밭, 팔-다리, 비-바람, 개-돼지, 여기-저기,
사이-사이, 가지-가지

예) 명사 + 동사(형용사) : 복합동사(복합형용사)
힘-들다, 마음-잡다. 숨-쉬다, 선-보다, 손-쉽다, 멍-들다, 등-지
다, 배-부르다, 귀-밝다, 뒤-밟다

다음으로, 한자어 명사의 경우를 살펴보자. 한자어가 결합하여 단어
를 만들 때, 경음화가 일어나는 경우가 있고 그렇지 않은 경우가 있다.

예) 문법→[문뻡], 교수법→[교수뻡], 국문과→[궁문꽈], 출발점→
[출발쩜], 가능성→[가능썽], 칠십→[칠씹], 실정→[실쩡], 결실
→[결씰], 발달→[발딸]

예외) 발견, 칠백, 실감, 결부, 결과, 불복, 열기, 절기, 출고, 팔경,
활보, 설계, 가설등기, 개발주의, 개발, 공설시장, 과실상해
죄, 관절신경통

위의 예)와 예외)의 경우를 살펴보면, 경음화가 일어나는 요인이 의
미적인 것으로서는 잘 설명되지 않는 점이 있다. 예)의 첫째 줄은 의미
적으로 사이시옷이 인지되므로 경음화가 일어난다고 할 수 있으나 둘
째 줄의 예들은 복합어로 보기 어려우므로, 사이시옷이 인지되지 않는
데도 경음화가 일어난다. 그러나 아래의 예외)의 예들은 또 경음화가
일어나지 않는다. 이를 배주채(1996)과 이호영(1996)에서는 한자어 단
순어 내부에서 ㄹ 뒤에 연결되는 ㄷ,ㅅ,ㅈ만 경음이 되고, ㅂ,ㄱ은 경음
이 되지 않는다고 기술하고 있다.

경음화의 또 한 경우로, **용언어간의 종성 ㄴ,ㅁ 뒤에서** 어미나 접미사(피동·사동 제외)의 초성이 ㄷ,ㅅ,ㅈ,ㄱ이면 경음화를 일으킨다.

> 예) 껴안다→[껴안따], 껴안고→[껴안꼬], 껴안자→[껴안짜], 감더라→[감떠라], 신고→[신꼬], 심습니다→[심씀니다], 모심기→[모심끼], 머리감기→[머리감끼]
>
> 예외) 감기다, 신기다, 안기다, 숨기다, 굶기다, 옮기다(피동, 사동의 예)

위 예에서 '신기다(신을 신기다)' 같은 경우는 사람에 따라서 '신끼다'로 발음되기도 한다. '감기다'도 둘둘 돌려진다는 뜻으로는 경음화가 일어나지 않으나, '머리를 감기다' 같은 경우에는 '감끼다'로 발음할 수도 있다.

경음화를 표준발음으로 인정하는 경우는 위에 제시한 네 경우에 국한된다. 그러나 실제로 표준발음을 벗어난 경음화가 굉장히 많이 쓰이고 있다. 이러한 현상은 어조가 더욱 강한 것을 선호하는 사회적, 심리적 요인에 기인한다고 볼 수 있다.

> 예) [머리 깜끼] (실 감기), [꽈대표], [쏘주], [깨구리], [꼬추], [딱따], [쬐금], [찐하다], [찝게], [효꽈], [사껀], [고까도로], [방뺍]

(7) 격음화(유기음화)

일명 거센소리되기라고도 한다. 국어의 거센소리로는 ㅊ, ㅋ, ㅌ, ㅍ이 있다. 거센소리는 평음 ㅈ, ㄱ, ㄷ, ㅂ에 후두의 거센 기운을 더하여 파찰을 일으킬 때 나는 소리이다. 그러므로 유기음화 현상은 평음 ㄱ, ㄷ, ㅂ, ㅈ 소리가 ㅎ 소리를 만나 ㅋ, ㅌ, ㅍ, ㅊ 소리로 변하는 현상을 말한다.

> 예) 좋+게→[조케], 좋+다→[조타], 좋+지→[조치]
> 좁+히다→[조피다], 깊+히다→[기피다], 국화→[구콰]

(8) ㄴ첨가

ㄴ첨가는 복합어나 파생어의 앞 말이 자음으로 끝나고 뒷말이 [i]나 [j]로 시작할 때 ㄴ 소리가 첨가되는 음운현상이다.

> 예) 밤일→[밤닐], 밤이슬→[밤니슬], 솜이불→[솜니불], 맨입→[맨닙], 삯일→[상닐], 콩엿→[콩녇], 땜일→[땜닐], 센입천장→[센닙천장], 신여성→[신녀성], 신혼여행→[신혼녀행], 직업여성→[직업녀성], 완행열차→[완행녈차], 서울역→[서울녁], 사당역→[사당녁], 장염→[장념], 신장염→[신장념], 일광욕→[일광뇩], 오향장육→[요향장뉵], 일등육→[일뜽뉵], 태양열→[태양녈], 좀약→[좀냑], 천일염→[처닐염], 민간요법→[민간뇨뻡], 우편요금→[우편뇨금], 책임 연령→[책임 녈령], 대학입학예비고사→[대하이파녜비고사], 대학교육연합회→[대학교육년하푀], 대항연습→[대항년습], 업신여기다→[업씬녀기다]

위 예들은 모두 '이'나 '반모음 이' 앞에서 ㄴ 자음이 첨가된 것들이다. ㄴ이 첨가된 후 이것이 다시 비음화 환경을 만들어서, 비음화를 일으키기도 한다.

예) 늦여름(→늗녀름)→[는녀름], 첫여름(→첟녀름)→천녀름, 홑이
불(→혼니불)→혼니불, 영업용(→영업늉)→영엄늉, 구속영장
(→구속녕짱)→구송녕짱, 종착역(→종착녁)→종창녁, 백열(→
백녈)→뱅녈, 백열등, 백열 전구, 내복약(→내복냑)→내봉냑,
불여우(→불녀우)→불려우, 일일이(→일니리)→일리리, 들일
(→들닐)→들릴, 솔잎(→솔닙→)솔립, 물엿(→물렫)→물렫

다음의 예에서는 수의적으로 ㄴ첨가가 일어나기도 한다(주로 의성
어, 의태어들). 두 경우를 모두 표준발음으로 인정한다.

예) 야금야금→야금냐금/야그마금, 야긋야긋→야근냐귿/야그댜귿,
이죽이죽→이중니죽/이주기죽, 일렁일렁→일렁닐렁/일렁일렁,
검열→거멸/검녈, 금융→그뮹/금늉

다음 예들은 같은 환경이지만 ㄴ첨가가 일어나지 않는 경우도 있다.
이것은 말토막 경계를 인식하거나, 낱말 내부로 인식하는 경우, 한자어
의 경우 뒷음절 한자의 원래 발음이 ㄴ,ㄹ이 아닌 경우라고 생각된다.

예) 땅일구기→*땅닐구기, 육이오→*육니오→*융니오, 첫인상→
*첟닌상→*천닌상, 목요일→*목뇨일→몽뇨일, 일문일답→*일
문닐답, 고용인→*고뇽인, 첫인사(人事)→*첟닌사→*천닌사,
이중 인격→*이중닌격, 총인구→총닌구, 국경일→*국경닐

다음 예들은 ㄴ첨가 발음도 가능하긴 하지만 표준발음으로는 ㄴ첨가
를 인정하지 않는 경우이다.

예) 태평양→태평양(표준발음)/태평냥, 송별연→송벼련(표준발음)/

송별년, 금요일→금요일(표준발음)/금뇨일, 편육→펴뉵(표준발음)/편뉵

[참고] 한글맞춤법 제30항의 사이시옷 규정 중 뒷말의 첫소리 모음 앞에서 'ㄴㄴ' 소리가 덧나는 것은 비음화와 함께 ㄴ첨가 현상이 일어난 예들이다.

예) (순 우리말 합성어) 도리깻열, 뒷윷, 두렛일, 뒷일, 뒷입맛, 베갯잇, 욧잇, 깻잎, 나뭇잎, 댓잎
예) (순 우리말과 한자어로 된 합성어) 가욋일, 사삿일, 예삿일, 훗일

[참고] 표준어규정 제7항, 수컷을 이르는 접두사는 '수'로 통일한다. 다만2. 다음 단어의 접두사는 '숫-'으로 한다.

이 규정에 의해, '수나사, 수노루, 수놈'의 예는 표준발음을 [수나사], [수노루], [수놈]으로 인정하게 되었다. 그러나 실제 발음에서는 [순나사], [순노루], [순놈]으로 날 수 있다. 이 경우에, 표기가 "숫"일 때는 비음화 현상으로 설명할 수 있었는데, 표기가 "수"가 되면서 그냥 ㄴ첨가가 일어난 꼴이 된 것이다. 그러나 ㄴ첨가는 모음 i, j 앞에서 일어나는 것이므로, 발음규칙을 새로 변경해야 하는 어려움이 생기게 된 것이다.

(9) 구개음화(입천장소리되기)

구개음화(口蓋音化)는 구개음이 아닌 자음이 뒤에 오는 i나 j의 영향을 받아 구개음으로 바뀌는 현상이다. 구개음화의 대표적인 예는 "ㄷ-

구개음화"이지만, 이밖에도 "ㄱ-구개음화", "ㅎ-구개음화"도 있다. 이들 구개음화는 모두 통시적으로 진행이 된 현상들이다. 이 중 "ㄷ-구개음화"는 구개음화 현상에 의해 표기 자체가 바뀐 경우도 있고, 표기를 원형태로 그냥 두어 공시적인 음운현상으로 처리하기도 한다. "ㄱ-구개음화"와 "ㅎ-구개음화"는 통시적으로 일어난 언어현상이며, 이 음운 현상에 의해 바뀐 음운으로 표기를 삼고 있다. 이 두 구개음화는 현재 방언에서 일어나기도 한다.

공시적인 구개음화

공시적인 구개음화는 부사화 접미사 '-이', 명사화 접미사 '-이', 사동 및 피동 접사 '-이', 조사 '-이'가 'ㄷ'이나 'ㅌ' 뒤에 연결될 때 일어난다.

예) 굳이→[구지], 곧이→[고지], 같이→[가치], 샅샅이→[삳싸치]
맏이→[마지], 해돋이→[해도지], 쇠붙이→[쇠부치]
닫히다→[다치다], 묻히다→[무치다], 붙이다→[부치다]
끝이→[끄치], 솥이→[소치]

ㄷ-구개음화는 형태소 내부에서는 일어나지 않으며, 낱말과 낱말 경계에서도 일어나지 않는다. ㄷ-구개음화는 합성어 내부에서도 일어나지 않는데, 이 때에 ㄴ첨가가 대신 일어난다.

예) 마디, 견디다, 디디다, 잔디 (형태소 내부)
새우젓 있니? → [새우젇 인니/새우저딘니](*새우저진니) (낱말과 낱말 경계)
홑이불→[혼니불](*호치불), 밭이랑→[반니랑](*바치랑), 밭일→[반닐](*바칠), 겉일→[건닐](거칠) (합성어 내부)

'마디, 견디다, 디디다, 잔디'는 공시적으로 보면, 이 단어들은 형태소 내부로서 ㄷ-구개음화가 일어나지 않는다고 설명할 수 있으나. 통시적으로 보면, 이 예들은 '마듸, 견듸다, 드듸다, 잔듸'와 같은 표기였으므로, [이]나 [j]음가가 아니었던 것이다. 따라서 구개음화를 겪지 않고 있다가 아래아 음가가 소멸되면서 그대로 '마디, 견디다, 드디다, 잔디' 같은 표기가 된 것이다. 이 예들의 '디'는 현대어에서도 음성적으로는 완전한 '이' 모음으로 발음되지 않고 이중모음의 잔재가 남아 있다.

통시적인 구개음화

통시적으로 구개음화가 일어난 것은 표기에 구개음을 적용하여 표기한 경우이다. 이에는 다음 세 경우가 있다.

① ㄷ-구개음화 : 됴타>좋다, 티다>치다, 역뎡>역정, 걱뎡>걱정, 엇디>어찌, 뎜(店)>점, 뎝시>접시, 부텨>부처, 힝뎍>행적, 디혜>지혜, 듕인(衆人)>중인, 듕(中)>중, 뎨자>제자, -디라>-지라, -디>-지
② ㄱ-구개음화(ㄱ>ㅈ) : 길경이>질경이
③ ㅎ-구개음화(ㅎ>ㅅ : 넓은 의미의 구개음화로 봄) : 힘힘혼 >심심한, 힘>심, 혈물>썰물

그러나 방언에는 아직 구개음화가 일어나지 않은 예들이 있다. 구개음화가 일어나기 전의 옛 형태를 보여주는 것들이다.

예) 됴심, 됴용하다, 뎡말, 언뎌살다, 뎡월, 티부

또한 표준어에는 구개음화가 안 일어났는데, 방언에 구개음화가 일

어난 예들도 있다.

>예) 질(길), 지름(기름), 찌다(끼다), 심(힘), 성(형), 수지(휴지)

이밖에 국어의 구개음화로 음성적으로 일어나는 예들이 있다. 이는 음운규칙이 아니라, 음성규칙에 해당하는 것이므로 뒤 (31)에서 살피기로 한다.

(10) 음절말 중화

음절말 중화(音節末中和)란 모든 장애음이 음절말에서 같은 조음자리의 평폐쇄음으로 중화되는 현상을 말한다. 우리말에서 받침 소리가될 수 있는 것은 'ㄱ,ㄴ,ㄷ,ㄹ,ㅁ,ㅂ,ㅇ'의 일곱 자음밖에 없다. 그러므로, 음절말의 /ㅍ/은 /ㅂ/으로, /ㅌ,ㅅ,ㅆ,ㅈ,ㅊ/은 /ㄷ/으로, /ㅋ,ㄲ/은 /ㄱ/으로실현된다. /ㅎ/은 /ㄴ/ 앞에서 /ㄷ/으로 중화된다. 한국어의 음절말 자음으로는 단지 7개의 자음(ㄱ,ㄴ,ㄷ,ㄹ,ㅁ,ㅂ,ㅇ)만이 올 수 있는 것은 우리말의 종성제약이며, 이 때문에 음절말 중화 현상이 일어나는 것이다.

>예) 앞→[압], 밭→[받], 났고→[낟꼬], 낫→[낟], 낮→[낟], 부엌→
>[부억], 낚시→[낙씨], 낳는다(→낟는다)→[난는다], 놓는(→놋
>는)→[논는]

음절말 ㅎ은 'ㄴ' 앞에서 'ㄷ'으로 바뀌지만, 휴지 앞에서 어떻게 바뀌는지 확인할 수 없다. ㅎ말음명사가 없기 때문이다. 그러나 만일 그러한 명사가 있다면, /ㄷ/ 소리로 중화하는 것으로 보는 것이 좋을 듯하다.

(11) 겹받침단순화(자음군 단순화)

겹받침단순화는 국어의 겹받침(ㄳ, ㅄ, ㄽ, ㄾ, ㄻ, ㄿ, ㄼ, ㄺ, ㅀ, ㄵ, ㄶ)은 어말이거나 다른 자음 앞인 경우에 하나의 자음이 탈락하는 현상이다. 자음군 단순화(子音群 單純化)라고도 한다. 이것은 한국어의 음절구조 유형에 기인한다. 곧 한국어는 말음으로 한 개 이상의 자음을 가질 수 없다는 제약 때문에 표기에 겹받침이 오고 뒤에 자음이 와서, 윗음절로 한 소리를 넘겨 줄 수 없는 환경일 때 단순화가 일어나는 것이다. 만일 모음이 온다면 받침의 두 자음 중 뒤의 것은 다음 음절로 넘어갈 수 있다.

겹받침 "ㄳ, ㅄ, ㄽ, ㄾ, ㄵ"은 뒷자음이 탈락하고 첫 자음만 발음된다.

예) 넋→[넉], 값→[갑], 외곬→[외골], 핥다→[할따], 앉다→[안따]

겹받침 "ㄿ, ㄻ"은 첫 자음이 탈락하고 둘째소리만 발음된다. "ㄿ"은 "ㄹ"이 탈락한 후 남은 "ㅍ"은 다시 음절말 중화가 되어 "ㅂ" 소리가 된다.

예) 읊다→[읍따], 기슭→[기슥], 삶→[삼], 굶다→[굼따], 젊다→[점따]

겹받침 "ㅀ, ㄶ"은 첫소리는 그대로 발음되고 뒤의 /ㅎ/ 소리는 /ㄱ, ㄷ, ㅈ/ 앞에서 이들과 융합하여 유기음화를 일으키고(→ /ㅋ, ㅌ, ㅊ/), /ㅅ, ㄴ/과 모음 앞에서는 탈락한다.

예) 닳지→[달치], 많고→[많코], 많다→[만타], 많소→[만쏘], 싫소
→[실쏘], 않네→[안네], 뚫네(→[뚤네])→[뚤레], 않아→[아나],
앓아 눕다→[아라 눕따]

겹받침 "ㄼ"은 경우에 따라 첫소리만 발음되는 것이 표준인데, 예외
적으로 뒷소리만 발음하는 예도 있다.

예) 밟다→[밥따], 밟지→[밥찌], 넓다→[넙다], 넓죽하다→[넙쭈카
다], 여덟→[여덜], 짧다→[짤따], 넓다→[널따]

또한 "ㄼ" 뒤에 /ㅎ/이 이어 나올 때에는 /ㄹ/과 /ㅂ/이 모두 발음된다
(뒤의 것이 유기음화를 일으킨다).

예) 밟히다→[발피다], 넓히다→[널피다]

겹받침 "ㄺ"은 첫 자음이 탈락되고 둘째 자음만 발음되는 것이 보통
인데 이 뒤에 /ㄱ/이 이어 나올 때에는 둘째 자음이 탈락되고 첫 자음
/ㄹ/만 발음된다.

예) 맑다→[막따], 읽다→[익따], 붉다→[북따]
맑게→[말께], 묽고→[물꼬], 얽거나→[얼꺼나]

또한 "ㄺ" 뒤에 /ㅎ/이 이어 나오면 /ㄹ/과 /ㄱ/이 모두 발음된다(뒤의
것이 유기음화를 일으킨다).

예) 긁히다[글키다], 읽히다[일키다]

(12) 두음법칙(머리소리법칙)

두음법칙은 어떤 소리가 단어의 첫머리에 발음되는 것을 꺼려 다른 음으로 발음되는 음운현상을 말한다. i, j 앞에서 'ㄹ, ㄴ'은 탈락되고, 모음 '아, 어, 오, 우, 으, 애, 에, 외' 앞에서 'ㄹ'은 'ㄴ'으로 바뀐다. 표기에도 발음되는 소리를 적용시킨다.

> 예) (ㄹ→φ) 리유(理由)→이유, 량심(良心)→양심, 례의(禮儀)→예의
> (ㄴ→φ) 닉명(匿名)→익명, 뇨소(尿素)→요소, 년세(年歲)→연세, 녀자(女子)→여자
> (ㄹ→ㄴ) 락원(樂園)→낙원, 래일(來日)→내일, 로동(勞動)→노동, 로인(老人)→노인

합성어의 둘째 형태소 첫 음절의 기저 자음 /ㄹ,ㄴ/도 두음법칙의 적용을 받는다.

> 예) 중노동(重勞動), 비논리적(非論理的), 역이용(逆利用), 연이율(年利率), 열역학(熱力學), 해외여행(海外旅行), 신여성(新女性), 공염불(空念佛), 남존여비(男尊女卑), 한국여자대학, 대한요소비료회사

둘 이상의 낱말로 이루어진 고유명사도 두음법칙의 적용을 받으나, 고유명사의 준말은 두음법칙의 적용을 받지 않는다.

> 예) 부산이발소, 서울여관, 국제연합, 대한교육연합회 국련(국제연합), 대한교련(대한교육연합회)

다음 의존명사들과 접미사 '-님'은 두음법칙의 적용을 받지 않는다.

예) 리(里), 리(理), 리(厘), 량(輛), 냥(兩), 냥쭝(兩重), 년(年)

/ㄹ/로 시작하는 외자 이름은 성과 함께 쓸 경우에도 두음법칙의 적용을 받는다. 그러나 옛날 사람의 이름으로 /ㄹ/ 발음이 관례적으로 굳어진 경우에는 두음법칙의 적용을 받지 않는다.

예) 이내(李來)[이내], 최노(崔老)[최노]
　　신립(申砬)[실립], 최린(崔麟)[최린], 채륜(蔡倫)[채륜]

이상과 같이 우리말에는 단어의 첫소리로 'ㄴ'이나 'ㄹ'음을 발음하지 않는 관습이 있다. 그리고 이 때문에 그 소리를 중시하여 표기에도 그렇게 반영하는데, 이는 ≪한글맞춤법≫ 제10항부터 제12항에 명기되어 있다. 이 중, 제11항 [붙임1]에는 "단어의 첫머리 이외의 경우에는 본음대로 적는다(예: 개량, 선량, 수력, 협력). 다만, 모음이나 'ㄴ' 받침 뒤에 이어지는 '렬, 률'은 '열, 율'로 적는다(예: 나열, 치열, 규율, 실패율, 선율)."로 규정하고 있다. '다만'으로 이어지는 예들은 두음법칙의 예라고는 볼 수 없다. 이것은 한자어가 구성될 때 이미 일어난 것으로 간주해야 할 것이다.

(13) ㅎ탈락

용언어간의 끝 자음의 /ㅎ/은 모음 앞에서 탈락한다.

예) 좋은→[조은], 낳은→[나은], 낳아→[나아], 낳았다→[나앋따],
   앓은→[아른], 앓아→[아라], 싫음→[시름], 않음→[아늠]

용언어간에서의 'ㅎ'탈락은 필수적인 음운 현상이다. 이와는 달리 음
절의 초성에 오는 'ㅎ'이 수의적으로 탈락하는 경우가 있다(어두는 제
외).

예) [고함~고암], [일흔~이른], [결혼~겨론], [이비인후꽈~이비
   이누꽈~이비누꽈], [말하다~마라다]

(14) ㄷ탈락

평폐쇄음 ㄷ이 마찰음의 경음 앞에서 필수적으로 탈락하는 음운현상
이다. 곧, ㄷ이 ㅆ 앞에서 필수적으로 탈락한다. 이것은 앞 음절의 종성
이 ㄷ인 경우 뒷음절의 초성으로 ㅆ이 올 수 없다는 음절연결제약에
기인한다. ㄷ 음 발음 후 바로 ㅆ 음을 발음하려면 폐쇄를 빨리 하고
바로 마찰음으로 건너가야 하는 어려움이 있게 된다. 그러므로 ㅆ 앞
의 ㄷ탈락은 필수적인 것이 된다.

예) 젖소→[젇쏘]→[저쏘], 갔습니다→[갇씀니다]→[가씀니다]

그러나 '저쏘'와 '젇쏘'의 차이는 어느 정도로 강하게 발음하는가에
달려 있는 것으로, 수의적으로 선택될 수도 있다. '젇쏘'를 강하게 발음
하기 위해 첫음절 다음에 휴지를 두면 된다.

(15) ㄹ탈락

용언어간말음 ㄹ이 초성 ㄴ, 종성 ㄴ,ㄹ,ㅁ,ㅂ, 선어말어미 '-으시', '-으오-', 종결어미 '-으오, -으마' 앞에서 탈락한다.

> 예) 만들-는→만드는, 만들-ㄴ→만든, 만들-ㄹ→만들, 만들-ㅂ니다
> →만듭니다→만듬니다, 만들-ㅂ시다→만듭씨다, 만들-시고→
> 만드시고, 만들-오니→만드오니, 만들-오니→만드오니, 만들-
> 오→만드오, 만들마→만드마

위 예들은 형태론에서 'ㄹ불규칙용언'에 해당한다. 발음만 그렇게 하는 것이 아니라 표기에 반영하기 때문이다.

(16) 연음규칙(연음법칙)

연음규칙(連音規則)은 앞음절의 받침소리가 뒷음절의 첫소리로 발음되는 음운현상을 말한다. 형태소의 끝 자음은 모음으로 시작하는 형식형태소(어미, 조사, 접미사)가 이어 나올 때, 음절말 중화의 적용을 받지 않고 앞의 받침이 다음 음절의 첫소리로 발음된다.

> 예) 빛이[비치], 무릎을[무르플], 걷었다[거던따], 밭에서[바테서],
> 부엌에서[부어케서], 값이[갑씨], 흙이[흘기], 통닭을[통달글],
> 여덟이[여덜비]

형태소의 끝 자음 뒤에 모음으로 시작하는 자립형태소가 이어 나올 때, 음절말 중화 규칙이나 겹받침단순화의 적용을 먼저 받고 나서 연음규칙의 적용을 받는다.

예) 겉옷[거돋], 값있는[가빈는], 옷 안에[오다네], 밭 아래[바다
래], 늪 앞[느밥], 꽃 위에[꼬뒤에], 넋없다[너겁따], 닭 앞에
[다가페]

다음의 예는 위의 기준과는 다소 다르게 관습음이 형성된 경우이다.

예) 맛있다[마싣따/마딛따](표준발음규정)
멋있다[머싣따/머딛따](표준발음규정)
값어치[가버치]('-어치'가 접미사임에도 불구하고 [갑써치]로
발음되지 않음)

'맛있다, 멋있다'는 원칙적으로는 '멋+있다', '맛+있다'의 구성으로 자
립형태소 둘이 결합한 것이다. 그러므로 앞 단어의 종성이 먼저 중화
규칙 음운현상에 의해 '먿, 맏'이 된 후 연음규칙이 와야 한다. 그러나
대다수 사람들의 관습음이 '마싣따, 머싣따'이므로, 이를 반영하여 ≪표
준발음법≫에는 위와 같이 두 경우를 모두 표준발음으로 채택하였다.
이와는 다르게 '값어치'의 경우 '-어치'는 접미사이므로 앞의 음절 받침
이 그대로 연음이 되어야 하는 경우인데, '값'에 중화규칙이 먼저 적용
된 후 연음규칙이 적용되어 '가버치'가 된다.
　종래에 절음법칙(絶音法則)이라고 한 것이 있었다. 이것은 받침 아래
에 대립적 실사(實辭)가 모음으로 이어질 때, 받침이 그 모음 위에 연
음되지 않고, 뚝 끊어져서 대표음으로 발음되는 현상을 일컬었다. 이
음운현상은 결국 음절말중화가 먼저 적용된 후 연음규칙이 적용되는
경우를 일컬었던 것이다.

예) 옷어른[우더른], 꽃 아래[꼬 다래]

4.2 모음, 자음과 관련된 음운규칙

(17) 음운도치(음운전위)

음운도치(音韻倒置)란 한 어휘 내에서 음운이나 음절의 위치가 서로 바뀌는 현상을 말한다. 이를 음운전위(音韻轉位)라고도 한다. 이는 수의적인 현상이며 표준발음에 관련된 것은 아니다.

예) 계획[괴헥], 집적회로[직쩝푀로], 귀 기울이다[기 귀우리다]

통시적 음운도치가 있다.

예) 빗복>빗곱>배꼽, 시혹>혹시, -더시->-시더-, -거시->-시거-

4.3 모음과 관련된 음운규칙

(18) 전설모음화('이'모음역행동화, 움라우트)

전설모음화(前舌母音化)는 전설모음이 아닌 모음이 'ㅣ' 모음의 영향을 받아 전설모음으로 바뀌는 현상을 말한다. 이것은 수의적인 음운현상이다. 공시적인 전설모음화는 표준발음이 아니다.

① /ㅜ/의 /ㅟ/ 되기
　예) 죽이다→쥑이다

② /ㅗ/의 /ㅚ/ 되기

　　예) 속이다→쇡이다, 쫓기다→쬧기다, 보이다→뵈이다, 소주
　　　　→쇠주, 고기→괴기

③ /ㅡ/의 /ㅣ/되기

　　예) 뜯기다→띧기다

④ /ㅓ/의 /ㅔ/ 되기

　　예) 먹이다→멕이다, 어미→에미, 구더기→구데기

⑤ /ㅏ/의 /ㅐ/ 되기

　　예) 아지랑이→아지랭이, 지팡이→지팽이, 곰팡이→곰팽이,
　　　　오라비→오래비, 잡히다→잽히다, 막히다→맥히다

통시적인 움라우트의 예는 다음과 같은 것이 있다.

　　예) 삿기>새끼, 서울나기>서울내기, 시골나기>시골내기, 신출
　　　　나기>신출내기, 멋장이>멋쟁이, 담장이덩굴>담쟁이덩굴,
　　　　골목장이>골목쟁이

좁은 의미의 전설모음화는 'ㅅ,ㅈ,ㅊ' 뒤의 모음 'ㅡ'가 'ㅣ'로 바뀌는
즘승>짐승, 츰>침 같은 경우를 말한다.

움라우트(umlaut)는 원래 독일어에서 모음, a,o,u가 뒤에 오는 모음
i나 e의 영향으로 ä, ö, ü로 변하는 현상을 일컫는 용어였다. 이를 변모
음(變母音)이라고도 하고, 이모음역행동화(이母音逆行同化)라고도 한
다. 한국어에서는 'ㅏ,ㅓ,ㅗ,ㅜ' 등의 모음이 뒤에 오는 'ㅣ' 모음의 영향
으로 'ㅐ,ㅔ,ㅚ,ㅟ' 등으로 동화되는 현상을 움라우트라고도 하고, 이모
음역행동화라고도 한다(예: 애비, 냄비). 넓은 의미로는 후설모음이 전
설모음쪽으로 변하는 것이므로 전설모음화 속에 속한다고 볼 수 있다.

(19) 모음조화

모음조화(母音調和, vowel harmony)는 용언어간에 모음어미가 연결될 때 어미의 첫 음이 어간의 모음에 따라 결정되는 음운현상을 말한다. 국어의 모음에서 /ㅏ,ㅗ/는 양성모음(陽性母音)이라 하고, 나머지 모음들은 음성모음(陰性母音)이라 한다.

> 예) 막아, 돌아, 저어, 겪어, 비어

통시적으로는 용언어간과 어미 사이에서 뿐 아니라, 낱말 내부에서도 모음조화가 일어났으나, 현대국어에서는 의성어, 의태어, 그리고 용언의 활용형에서만 제한적으로 일어난다.

> 예) 의성어, 의태어의 예 : 촐랑촐랑, 출렁출렁, 모락모락, 무럭무
> 럭, 알록달록, 얼룩덜룩

(20) 반모음화

반모음화(半母音化)는 모음 '이, 오, 우' 뒤에 '아, 어'가 연결되면 '이, 오, 우'가 j와 w로 반모음화하는 현상을 말한다. 반모음화는 활음화(滑音化) 현상이라 부르기도 한다. 이는 모음과 모음이 바로 이어져 모음충돌이 일어나는 것을 피하는 현상의 하나이다. 주로 용언 어간의 모음이 어미의 모음과 만날 때 이 현상이 일어나서, 어간말음 모음이 반모음으로 된다. 그러나 체언에서 이 현상이 일어나기도 한다(w반모음화의 경우).

① j반모음화 - 모음 '이' 뒤에 모음 '아, 어'가 연결되면 '이' 모음
　이 수의적으로 반모음 j가 된다.

　　예) 피-어→피어～펴: / 끼-었다→끼었다～껐다 / 피-었다→피
　　　　었다～폈다 ＜수의적(隨意的)＞
　　　　이기-어→이겨 / 그리-어→그려 / 꾸미-었다→꾸몄다 ＜필
　　　　수적＞

　　[피여]는 'j첨가' 현상이다(뒤의 24번). [펴:]는 j반모음화로 생겨난 발
음이다. j반모음화와 동시에 장음화가 일어나는데, 이는 음절수가 준
데 대한 보상으로 일어나는 현상이다. 이러한 장음화를 보상적 장음화
라 한다(아래 26번).
　　'이기-어'에서 '이겨'가 될 때는 어절의 첫음절이 아닌 곳은 단음으로
발음되는 현상 때문에 장음화가 일어나지 않는다. 어간이 두 개의 음
절로 이루어져 있으면 j반모음화가 필수적으로 일어난다.

② w반모음화 - 모음 '오, 우' 뒤에 모음 '아, 어'가 연결되면 '오,
　우'가 수의적으로 w로 반모음화한다.

　　예) 보-아→보아～봐: / 두-어→두어～둬: / 보-았다→보았다～
　　　　봤다
　　　　비꼬-아→비꼬아～비꽈 / 가두-어→가두어～가둬 / 가꾸-
　　　　어→가꾸어→가꿔
　　　　또-아리→또아리～똬:리 / 고함→고함～고암～괌: / 무엇-
　　　　이→무엇이～뭣:시 /
　　　　두-엄→두엄～뒴: ＜이상 수의적＞
　　　　오-아→와 / 오-았다→왔다 / 배우-어→배워 / 싸우-어→싸
　　　　워 ＜필수적＞

　j반모음화와 마찬가지로 w반모음화가 일어나면 보상적 장음화가 일
어난다. 둘째 음절에서는 일어나지 않는다. 어간의 끝음절이 초성을 가
지고 있지 않으면 w반모음화는 필수적으로 일어난다. '오-'는 '-아' 활용
형이 반모음화를 필수적으로 겪되 장음화하지 않는 '와'로 나타나, w
반모음화에 따른 보상적 장음화의 예외가 된다.

　어간 모음 /ㅚ/와 어미모음 /어/가 이어 나오면 /ㅚ/와 /어/는 수의적
으로 융합하여 /ㅙ/로 발음된다. 이 현상은 엄밀히 말하면 반모음화가
아니라 모음축약이 된다.

　'고함'이 '고암'으로 되는 현상은 'ㅎ탈락'인데, 이것은 수의적인 것이
다. 수의적으로 'ㅎ' 탈락이 일어나면, 이후 다시 w반모음화가 일어난
다.

(21) 원순모음화

　원순모음화(圓脣母音化)는 양순음(ㅁ,ㅂ,ㅃ,ㅍ) 뒤에서 '으'가 '우'로
발음되는 현상을 말한다. 공시적으로 이는 표준발음이 아니다. 그러나
통시적으로 원순모음화를 겪어서, 대개 17세기 이후 '므, 브, 쁘, 프' 형
태가 이루어지기 어려운 초중성연결제약이 생겼다.

　　　　공시적 예) 앞-으로→아푸로, 남-으면→나무면, 숲-으로→수푸로,
　　　　　　　　　사람-을→사라물, 지금-은→지그문, 삶-은→살문, 좁-
　　　　　　　　　은→조분

　　　　통시적 예) 믈>물, 블>불, 플>풀, 므겁다>무겁다, 므엇>무엇,
　　　　　　　　　므지개>무지개, 븕다>붉다, 프르다>푸르다, 꺼플>
　　　　　　　　　꺼풀, <통시적>

예외) 가쁘다, 기쁘다, 바쁘다, 예쁘다, 고프다, 아프다, 슬
        프다(발음 시 원순모음화가 일어남, 가뿌다, 기뿌다
        등)

* 이 예외는 근대문헌 자료에 '갓부-, 밧부-, 잇부-, 골푸-, 아푸-'로
  적혔으며, 조선총독부 사전(1920년)에도 '갓부다, 깃부다, 밧부
  다, 어엿부다' 등으로 등재되어 있다.
* 외래어표기법에 의한 '브레이크, 브로치, 프로그램, 프로판' 등
  의 '으' 발음은 수의적으로 '우'로 난다.

(22) 동모음탈락

동모음탈락(同母音脫落)은 '아, 어' 어간 뒤에 모음어미가 연결되면
어미의 '아, 어'가 탈락하는 현상을 말한다.

예) 가-아→가[가:], 켜-어→켜[켜:], 싸-아→싸[싸:] 만나-아→만나
    [만나:]

동모음이 탈락되면서 두 음절이 한 음절로 되면서 그 음 길이는 그
대로 유지된다.

(23) '으' 모음탈락

어간 모음 '으' 뒤에 모음어미가 연결되면 어간말음 '으'가 탈락된다.

예) 쓰-었다→썼다, 뜨-었다→떴다, 끄-어→꺼, 담그-아→담가, 따
    르-아→따라, 고프-아→고파(푸-어→퍼)

동모음탈락과는 달리 '으' 모음탈락에서는 보상적 장음화가 일어나지 않는다. '푸다'의 경우 모음어미 '어'가 연결되어 탈락되는 것은 엄밀히 말해 '우'모음이다. 그러나 '우' 모음이 되는 경우는 이 한 경우밖에 없으므로, 따로 설정하지 않는다. 위의 예들은 형태론에서 '으'불규칙용언으로 분류된다.

(24) 'j' 첨가

'이, 에, 애, 위, 외' 어간에 어미모음 '어'가 연결될 때 그 사이에 반모음 j가 수의적으로 첨가된다.

> 예) 피-어→ [피어~피여], 떼-어→[떼어~떼여], 개-어→[개어~개여]

위의 예에서 밑줄 친 부분이 반모음 'j'가 첨가된 것이다. 이것은 'j' 반모음화와 다른데, 'j' 첨가는 새로 첨가됨에 비해 'j' 반모음화는 축약 현상이다.

(25) 모음축약

연속되는 두 음절의 모음이 한 음절의 모음으로 줄어드는 현상이다.

> 예) 꾀-어→꾀어~꽤: / 되-었다→되었다~됐:다

통시적으로 국어의 "애, 에, 외, 위"의 단모음화(單母音化) 현상이 있었다. 이는 곧 모음축약에 해당한다.

예) 가히 > 개[kai] > 개[kæ] / 버히다 > 베다[pəi-] > 베다[pe] / 쇠[soi]
　　 > 쇠[sö]

(26) 단모음화(單母音化)

표기상의 이중모음이 단모음으로 발음되는 현상이다.

예) 계수나무→[게수나무], 사례→[사레], 폐품→[페품], 혜택→[헤
택], 계집→[게집], 핑계→[핑게], 계시다→[게시다], 희망→[히
망], 무늬→[무니], 하늬바람→[하니바람], 띄어쓰기→[띠어쓰
기], 의의→[이이], 본의→[보니], 희다→[히다], 유희→[유히]

≪한글맞춤법≫ 제8항에는 "'계, 례, 몌, 폐, 혜'의 'ㅖ'는 'ㅔ'로 소리
나는 경우가 있더라도 'ㅖ'로 적는다."로 되어 있다. 그리고 제9항에는
"'의'나, 자음을 첫소리로 가지고 있는 음절의 'ㅢ'는 'ㅣ'로 소리가 나는
경우가 있더라도 'ㅢ'로 적는다."로 되어 있다. 이는 사람들의 관습음을
존중하면서도 그 표기는 원형을 지키려는 규정이라고 할 수 있다. 그
런가 하면 ≪표준어규정≫ 제10항에서 다음 단어는 모음이 단순화한
형태를 표준어로 삼는다.

예) 괴팍하다 / 미루나무 / 으레 / 케케묵다 / 허우대 / 허우적허우
적

이것은 사람들의 발음을 따라 표기를 적는 방식을 택한 경우가 된
다.
일부 방언에서는 활용형이 자음과 이중모음 '워'의 연결로 끝나면

'워'가 '오'로 단모음화되는 경우가 있다.

예) 두-어→둬:→도: / 주-어→줘:→조: (경상방언)

4.4 운율과 관련된 음운규칙

(27) 단모음화(短母音化)

'단모음화'라는 음운 현상에 '單母音化'가 아닌 '短母音化'가 있다. 이
것은 국어의 장모음이 특정 환경에서 짧은 소리가 되는 현상이다. 그
러나 분절음의 변화가 아니라, 운율 요소와 관련되는 것이다. 모음으로
시작하는 어미나 명사화 접미사, 혹은 피동 사동 접미사가 이어 나올
때 단모음화가 일어난다.

예) 얼:+어→얼어 / 얼:+음→얼음 / 얼:+리+다→얼리다

'얼다'의 앞 음절은 장음이지만, '얼어, 얼음, 얼리다'가 되면 단모음
화가 된다.

(28) 보상적 장모음화(補償的 長母音化)

반모음화나 모음축약에 의해 음절이 줄어들 때, 남아 있는 모음이
긴 모음이 되는 현상이다.

예) 보아→[봐:], 두어→[둬:], 보았다→[봗:따]
　　꾀어→[꽤:], 되었다→[됀:따]

비꼬아→[비꽈:], 가두어→[가둬:], 가꾸어→[가꿔:]

4.5 이음과정

(29) 불파음화

음절말에 오는 자음이 불파음이 되는 현상이다.

　　　예) 둑[tuk˺], 합[hap˺]

(30) 유성음화

공명음과 모음 사이에서 폐쇄음 [p][t][k]와 파찰음 [c]가 각각 [b][d] [g][z]로 바뀌는 현상이다.

　　　예) 삼다도[samdado], 관광[kwangwang]

(31) 설측음화

r은 l 뒤에서 l로 설측음화된다.

　　　예) 오른발로(→orɨnpal-ro) → [orɨnpal-lo]

(32) 구개음화

　앞에서 음운과정에 해당하는 구개음화를 보았다. 그런데 구개음화에 는 변이음 상에서 일어나는 이음과정의 구개음화도 있다. n과 s, s', l은 전설음 i, j 앞에서 각각 경구개음 ɲ, ʃ, ʃ', ʎ로 바뀌는 것이 바로 이음과정의 구개음화이다.

> 예) N-구개음화: 훌륭→[훌늉/hulɲuŋ], 갔니→[간니/kanɲi]
> S-구개음화: 시간→[ʃigan], 고무신→[komuʃin]
> l-구개음화: 연료[yəlryo]→[yəlʎo]

(33) 탄설음화

우리말의 유음 /ㄹ/은 모음과 모음 사이에서 탄설음 [ɾ]로 실현된다.

> 예) 우리[uɾi] / 사람[saɾam] / 사례[saːɾje] / 우레[uɾe]

4.6 우리말 표준발음법의 원리와 실제

우리말의 표준발음법은 문교부 고시에 따라 1989년 3월 1일부터 시행하게 된 ≪표준어규정≫의 제2부에 해당된다. 모두 7장 30항으로 이루어져 있다. 이 내용을 먼저 소개한 후, 앞서 살펴본 음운론 이론과의 연관성에 대해 설명하기로 한다.

4.6.1 ≪표준발음법≫

제1장 총칙

제1항 표준발음법은 표준어의 실제 발음을 따르되, 국어의 전통성과 합리성을 고려하여 정함을 원칙으로 한다.

제2장 자음과 모음

제2항 표준어의 자음은 다음 19개로 한다.

ㄱ ㄲ ㄴ ㄷ ㄸ ㄹ ㅁ ㅂ ㅃ ㅅ ㅆ ㅇ ㅈ ㅉ ㅊ ㅋ ㅌ ㅍ ㅎ

제3항 표준어의 모음은 다음 21개로 한다.

ㅏ ㅐ ㅑ ㅒ ㅓ ㅔ ㅕ ㅖ ㅗ ㅘ ㅙ ㅚ ㅛ ㅜ ㅝ ㅞ ㅟ ㅠ ㅡ ㅢ ㅣ

제4항 'ㅏ ㅐ ㅓ ㅔ ㅗ ㅚ ㅜ ㅟ ㅡ ㅣ'는 단모음(單母音)으로 발음한다.

[붙임] 'ㅚ, ㅟ'는 이중 모음으로 발음할 수 있다.

제5항 'ㅑ ㅒ ㅕ ㅖ ㅘ ㅙ ㅛ ㅝ ㅞ ㅠ ㅢ'는 이중 모음으로 발음한다.

다만 1. 용언의 활용형에 나타나는 '져, 쪄, 쳐'는 [저, 쩌, 처]로 발음한다.

가지어→가져[가저] 찌어→쪄[쩌] 다치어→다쳐[다처]

다만 2. '예, 례' 이외의 'ㅖ'는 [ㅔ]로도 발음한다.

계집[계:집/게:집]	계시다[계:시다/게:시다]
시계[시계/시게](時計)	연계[연계/연게](連繫)
몌별[몌별/메별](袂別)	개폐[개폐/개페](開閉)
혜택[혜:택/헤:택](惠澤)	지혜[지혜/지헤](知慧)

다만 3. 자음을 첫소리로 가지고 있는 음절의 'ㅢ'는 [ㅣ]로 발음한다.

늴리리	닁큼	무늬	띄어쓰기
씌어	틔어	희어	희떱다
희망	유희		

다만 4. 단어의 첫 음절 이외의 '의'는 [ㅣ]로, 조사 '의'는 [ㅔ]
로 발음함도 허용한다.

주의[주의/주이]   협의[혀븨/혀비]

우리의[우리의/우리에]   강의의[강:의의/강:이에]

제3장 음의 길이

제6항 모음의 장단을 구별하여 발음하되, 단어의 첫 음절에서만 긴
소리가 나타나는 것을 원칙으로 한다.

(1) 눈보라[눈:보라]   말씨[말:씨]   밤나무[밤:나무]

많다[만:타]   멀리[멀:리]   벌리다[벌:리다]

(2) 첫눈[천눈]   참말[참말]   쌍동밤[쌍동밤]

수많이[수:마니]   눈멀다[눈멀다]   떠벌리다[떠벌리다]

다만, 합성어의 경우에는 둘째 음절 이하에서도 분명한 긴소
리를 인정한다.

반신반의[반:신 바:늬/반:신 바:니]   재삼재사[재:삼 재:사]

[붙임] 용언의 단음절 어간에 어미 '-아/-어'가 결합되어 한 음
절로 축약되는 경우에도 긴소리로 발음한다.

보아→봐[봐:]   기어→겨[겨:]   되어→돼[돼:]

두어→둬[둬:]   하여→해[해:]

다만, '오아→와, 지어→져, 찌어→쩌, 치어→쳐' 등은 긴소리
로 발음하지 않는다.

제7항 긴소리를 가진 음절이라도, 다음과 같은 경우에는 짧게 발음
한다.

1. 단음절인 용언 어간에 모음으로 시작된 어미가 결합된 경우

감다[감:따]―감으미[가므미]   밟다[밥:따]―밟으면[발브면]

신다[신:따]―신어[시너]   알다[알:다]―알아[아라]

다만, 다음과 같은 경우에는 예외적이다.

끌다[끌:다]―끌어[끄:러]   떫다[떨:따]―떫은[떨:븐]

벌다[벌:다]―벌어[버:러]   썰다[썰:다]―썰어[써:러]

없다[업:따]―없으니[업:쓰니]

2. 용언 어간에 피동, 사동의 접미사가 결합되는 경우

감다[감:따]―감기다[감기다]   꼬다[꼬:다]―꼬이다[꼬이다]

밟다[밥:따]―밟히다[발피다]

다만, 다음과 같은 경우에는 예외적이다.

끌리다[끌:리다]   벌리다[벌:리다]   없애다[업:쌔다]

[붙임] 다음과 같은 복합어에서는 본디의 길이에 관계 없이 짧
게 발음한다.

밀-물   썰-물   쏜-살-같이   작은-아버지

제4장 받침의 발음

제8항 받침 소리로는 'ㄱ,ㄴ,ㄷ,ㄹ,ㅁ,ㅂ,ㅇ'의 7개 자음만 발음한다.

제9항 받침 'ㄲ,ㅋ', 'ㅅ,ㅆ,ㅈ,ㅊ,ㅌ', 'ㅍ'은 어말 또는 자음 앞에서
각각 대표음 [ㄱ,ㄷ,ㅂ]으로 발음한다.

닦다[닥따]   키읔[키윽]   키읔과[키윽꽈]   옷[옫]

웃다[욷따]   있다[읻따]   젖[젇]   빚다[빋:따]

꽃[꼳]   쫓다[쫃따]   솥[솓]   뱉다[밷:따]

앞[압]   덮다[덥따]

제10항 겹받침 'ㄳ', 'ㄵ', 'ㄼ, ㄽ, ㄾ', 'ㅄ'은 어말 또는 자음 앞에서 각
각 [ㄱ,ㄴ,ㄹ,ㅂ]으로 발음한다.

넋[넉]	넋과[넉꽈]	앉다[안따]	여덟[여덜]
넓다[널따]	외곬[외골]	핥다[할따]	값[갑]
없다[업:따]			

> **다만**, '밟-'은 자음 앞에서 [밥]으로 발음하고, '넓-'은 다음과 같은
> 경우에 [넙]으로 발음한다.

(1) 밟다[밥:따]   밟소[밥:쏘]   밟지[밥:찌]

밟는[밥:는→밤는]   밟게[밥:께]   밟고[밥:꼬]

(2) 넓-죽하다[넙쭈카다]   넓-둥글다[넙뚱글다]

제11항 겹받침 'ㄺ, ㄻ, ㄿ'은 어말 또는 자음 앞에서 각각 [ㄱ,ㅁ,ㅂ]
으로 발음한다.

닭[닥]	흙과[흑꽈]	맑다[막따]	늙지[늑찌]
삶[삼:]	젊다[점:따]	읊고[읍꼬]	읊다[읍따]

> **다만**, 용언의 어간 말음 'ㄺ'은 'ㄱ' 앞에서 [ㄹ]로 발음한다.

맑게[말께]   묽고[물꼬]   얽거나[얼꺼나]

제12항 받침 'ㅎ'의 발음은 다음과 같다.

1. 'ㅎ(ㄶ,ㅀ)' 뒤에 'ㄱ,ㄷ,ㅈ'이 결합되는 경우에는, 뒤 음절 첫소리
와 합쳐서 [ㅋ,ㅌ,ㅊ]으로 발음한다.

놓고[노코]	좋던[조턴]	쌓지[싸치]	많고[만:코]
않던[안턴]	닳지[달치]		

> **[붙임 1]** 받침 'ㄱ(ㄺ), ㄷ, ㅂ(ㄼ), ㅈ(ㄵ)'이 뒤 음절 첫소리 'ㅎ'과
> 결합되는 경우에도, 역시 두 음을 합쳐서 [ㅋ,ㅌ,ㅍ,ㅊ]으
> 로 발음한다.

각하[가카]   먹히다[머키다]   밝히다[발키다]   맏형[마텽]

좁히다[조피다] 넓히다[널피다]   꽂히다[꼬치다]   앉히다[안치다]

[붙임 2] 규정에 따라 'ㄷ'으로 발음되는 'ㅅ,ㅈ,ㅊ,ㅌ'의 경우에는
　　　　이에 준한다.

옷 한 벌[오탄벌]   낮 한때[나탄때]   꽃 한 송이[꼬탄송이]
숱하다[수타다]

2. 'ㅎ(ㄶ,ㅀ)' 뒤에 'ㅅ'이 결합되는 경우에는, 'ㅅ'을 [ㅆ]으로 발
　　음한다.

닿소[다쏘]   많소[만ː쏘]   싫소[실쏘]

3. 'ㅎ' 뒤에 'ㄴ'이 결합되는 경우에는, [ㄴ]으로 발음한다.

놓는[논는]   쌓네[싼네]

[붙임] 'ㄶ,ㅀ' 뒤에 'ㄴ'이 결합되는 경우에는, 'ㅎ'을 발음하지
　　　　않는다.

않네[안네]   않는[안는]

뚫네[뚤네→뚤레]   뚫는[뚤는→뚤른]

　　* '뚫네[뚤네→뚤레], 뚫는[뚤는→뚤른]'에 대해서는 제20항
　　　참조.

4. 'ㅎ(ㄶ,ㅀ)' 뒤에 모음으로 시작된 어미나 접미사가 결합되는
　　경우에는, 'ㅎ'을 발음하지 않는다.

낳은[나은]   놓아[노아]   쌓이다[싸이다]   많아[마ː나]
않은[아는]   닳아[다라]   싫어도[시러도]

제13항 홑받침이나 쌍받침이 모음으로 시작된 조사나 어미, 접미사
　　　와 결합되는 경우에는, 제 음가대로 뒤 음절 첫소리로 옮겨
　　　발음한다.

깎아[까까]   옷이[오시]   있어[이써]   낮이[나지]

꽂아[꼬자]　　꽃을[꼬츨]　　쫓아[쪼차]　　밭에[바테]

앞으로[아프로]　덮이다[더피다]

제14항 겹받침이 모음으로 시작된 조사나 어미, 접미사와 결합되는
경우에는, 뒤엣것만을 뒤 음절 첫소리로 옮겨 발음한다(이 경
우, 'ㅅ'은 된소리로 발음함).

넋이[넉씨]　　　앉아[안자]　　　닭을[달글]　　젊어[절머]

곬이[골씨]　　　핥아[할타]　　　읊어[을퍼]　　값을[갑쓸]

없어[업:써]

제15항 받침 뒤에 모음 'ㅏ, ㅓ, ㅗ, ㅜ, ㅟ'들로 시작되는 실질 형태
소가 연결되는 경우에는, 대표음으로 바꾸어서 뒤 음절 첫
소리로 옮겨 발음한다.

밭 아래[바다래]　늪 앞[느밥]　　젖어미[저더미]　맛없다[마덥다]

겉옷[거돋]　　　헛웃음[허두슴]　꽃 위[꼬뒤]

　다만, '맛있다, 멋있다'는 [마싣따], [머싣따]로도 발음할 수 있다.

[붙임] 겹받침의 경우에는 그 중 하나만을 옮겨 발음한다.

넋 없다[너겁따]　　　　　닭 앞에[다가페]

값어치[가버치]　　　　　값있는[가빈는]

제16항 한글 자모의 이름은 그 받침 소리로 연음하되, 'ㄷ,ㅈ,ㅊ,ㅋ,
ㅌ,ㅍ,ㅎ'의 경우에는 특별히 다음과 같이 발음한다.

디귿이[디그시]　　　디귿을[디그슬]　　　디귿에[디그세]

지읒이[지으시]　　　지읒을[지으슬]　　　지읒에[지으세]

치읓이[치으시]　　　치읓을[치으슬]　　　치읓에[치으세]

키읔이[키으기]   티읕을[티으슬]   티읕에[티으세]
피읖이[피으비]   피읖을[피으블]   피읖에[피으베]
히읗이[히으시]   히읗을[히으슬]   히읗에[히으세]

제5장 음의 동화

제17항 받침 'ㄷ,ㅌ(ㄾ)'이 조사나 접미사의 모음 'ㅣ'와 결합되는 경
우에는, [ㅈ,ㅊ]으로 바꾸어서 뒤 음절 첫소리로 옮겨 발음한
다.

곧이듣다[고지듣따]   굳이[구지]   미닫이[미다지]
땀받이[땀바지]   밭이[바치]   벼훑이[벼훌치]

[붙임] 'ㄷ' 뒤에 접미사 '히'가 결합되어 '티'를 이루는 것은 [치]
로 발음한다.

굳히다[구치다]   닫히다[다치다]   묻히다[무치다]

제18항 받침 'ㄱ(ㄲ,ㅋ,ㄳ,ㄺ), ㄷ(ㅅ,ㅆ,ㅈ,ㅊ,ㅌ,ㅎ), ㅂ(ㅍ,ㄼ,ㄿ, ㅄ)'은
'ㄴ,ㅁ' 앞에서 [ㅇ,ㄴ,ㅁ]으로 발음한다.

먹는[멍는]   국물[궁물]   깎는[깡는]   키읔만[키응만]
몫몫이[몽목씨] 긁는[긍는]   흙만[흥만]   닫는[단는]
짓는[진ː는]   옷맵시[온맵시] 있는[인는]   맞는[만는]
젖멍울[전멍울] 쫓는[쫀는]   꽃망울[꼰망울] 붙는[분는]
놓는[논는]   잡는[잠는]   밥물[밤물]   앞마당[암마당]
밟는[밤ː는]   읊는[음는]   없는[엄ː는]   값매다[감매다]

[붙임] 두 단어를 이어서 한 마디로 발음하는 경우에도 이와 같다.
책 넣는다[챙넌는다] 흙 말리다[흥말리다] 옷 맞추다[온마추다]
밥 먹는다[밤멍는다] 값 매기다[감매기다]

제19항 받침 'ㅁ,ㅇ' 뒤에 연결되는 'ㄹ'은 [ㄴ]으로 발음한다.

담력[담:녁]   침략[침냑]   강릉[강능]   항로[항노]

대통령[대:통녕]

[붙임] 받침 'ㄱ,ㅂ' 뒤에 연결되는 'ㄹ'도 [ㄴ]으로 발음한다.

막론[막논→망논]   백리[백니→뱅니]   협력[협녁→혐녁]

십리[십니→심니]

제20항 'ㄴ'은 'ㄹ'의 앞이나 뒤에서 [ㄹ]로 발음한다.

(1) 난로[날:로]   신라[실라]   천리[철리]   광한루[광:할루]

대관령[대:괄령]

(2) 칼날[칼랄]   물난리[물랄리]   줄넘기[줄럼끼]

할는지[할른지]

[붙임] 첫소리 'ㄴ'이 'ㄶ', 'ㄾ' 뒤에 연결되는 경우에는 이에 준

한다.

닳는[달른]   뚫는[뚤른]   핥네[할레]

다만, 다음과 같은 단어들은 'ㄹ'을 [ㄴ]을 발음한다.

의견란[의:견난]   임진란[임:진난]   생산량[생산냥]

결단력[결딴녁]   공권력[공꿘녁]   동원령[동:원녕]

상견례[상견네]   횡단로[횡단노]   이원론[이:원논]

입원료[이붠뇨]   구근류[구근뉴]

제21항 위에서 지적한 이외의 자음 동화는 인정하지 않는다.

감기[감:기](×[강:기])   옷감[온깜](×옥깜]

있고[읻꼬](×[익꼬])   꽃길[꼳낄](×[꼭낄])

젖먹이[전머기](×[점머기])   문법[문뻡](×[뭄뻡])

꽃밭[꼳빧](×[꼽빧])

제22항 다음과 같은 용언의 어미는 [어]로 발음함을 원칙으로 하되,

[여]로 발음함도 허용한다.

피어[피어/피여]   되어[되어/되여]

[붙임] '이오, 아니오'도 이에 준하여 [이요, 아니요]로 발음함을
허용한다.

제6장 경음화

제23항 받침 'ㄱ(ㄲ,ㅋ,ㄳ,ㄹ), ㄷ(ㄷ,ㅆ,ㅈ,ㅊ,ㅌ), ㅂ(ㅍ,ㄼ,ㄿ,ㅄ)' 뒤에
연결되는 'ㄱ,ㄷ,ㅂ,ㅅ,ㅈ'은 된소리로 발음한다.

국밥[국빱]   깎다[깍따]   넋받이[넉빠지]   삯돈[삭똔]

닭장[닥짱]   칡범[칙뻠]   뻗대다[뻗때다]   옷고름[옫꼬름]

있던[읻떤]   꽂고[꼳꼬]   꽃다발[꼳따발]   낯설다[낟썰다]

밭갈이[받까리]   솥전[솓쩐]   곱돌[곱똘]   덮개[덥깨]

옆집[엽찝]   넓죽하다[넙쭈카다]   읊조리다[읍쪼리다]

값지다[갑찌다]

제24항 어간 받침 'ㄴ(ㄵ), ㅁ(ㄻ)' 뒤에 결합되는 어미의 첫소리 'ㄱ,
ㄷ,ㅅ,ㅈ'은 된소리로 발음한다.

신고[신:꼬]   껴안다[껴안따]   앉고[안꼬]   얹다[언따]

삼고[삼:꼬]   더듬지[더듬찌]   닭고[담:꼬]   젊지[점:찌]

다만, 피동, 사동의 접미사 '-기-'는 된소리로 발음하지 않는다.

안기다   감기다   굶기다   옮기다

제25항 어간 받침 'ㄼ,ㄾ' 뒤에 결합되는 어미의 첫소리 'ㄱ,ㄷ,ㅅ,ㅈ'
은 된소리로 발음한다.

넓게[널게]   핥다[할따]   훑소[훌쏘]   떫지[떨:찌]

제26항 한자어에서, 'ㄹ' 받침 뒤에 연결되는 어미의 첫소리 'ㄱ,ㄷ,
ㅅ,ㅈ'은 된소리로 발음한다.

갈등[갈뜽]   발동[발똥]   절도[절또]   말살[말쌀]

불소[불쏘](弗素) 일시[일씨]   갈증[갈쯩]   물질[물찔]

발전[발쩐]   몰상식[몰쌍식] 불세출[불쎄출]

다만, 같은 한자가 겹쳐진 단어의 경우에는 된소리로 발음하지
않는다.

허허실실[허허실실](虛虛實實)   절절-하다[절절하다](切切-)

제27항 관형사형 '-(으)ㄹ' 뒤에 연결되는 'ㄱ,ㄷ,ㅂ,ㅅ,ㅈ'은 된소리로
발음한다.

할 것을[할꺼슬]   갈 데가[갈떼가]   할 바를[할빠를]

할 수는[할쑤는]   할 적에[할쩌게]   갈 곳[갈꼳]

할 도리[할또리]   만날 사람[만날싸람]

다만, 끊어서 말할 적에는 예사소리로 발음한다.

[붙임] '-(으)ㄹ'로 시작되는 어미의 경우에도 이에 준한다.

할걸[할껄]   할밖에[할빠께]   할세라[할쎄라]

할수록[할수록]   할지라도[할찌라도]   할지언정[할찌언정]

할진대[할찐대]

제28항 표기상으로는 사이시옷이 없더라도, 관형격 기능을 지니는 사
이시옷이 있어야 할(휴지가 성립되는) 합성어의 경우에는, 뒤 단
어의 첫소리 'ㄱ,ㄷ,ㅂ,ㅅ,ㅈ'을 된소리로 발음한다.

문-고리[문꼬리]   눈-동자[눈똥자]   신-바람[신빠람]

산-새[산쌔]   손-재주[손째주]   길-가[길까]

물-동이[물똥이]   발-바닥[발빠닥]   굴-속[굴쏙]

아침-밥[아침빱]   잠-자리[잠짜리]   강-가[강까]

초승-달[초승딸]   등-불[등뿔]   창-살[창쌀]

강-줄기[강쭐기]

제7장 음의 첨가

제29항 합성어 및 파생어에서, 앞 단어나 접두사의 끝이 자음이고
　　　　뒤 단어나 접미사의 첫 음절이 '이, 야, 여, 요, 유'인 경우에
　　　　는, 'ㄴ' 음을 첨가하여 [니, 냐, 녀, 뇨, 뉴]로 발음한다.

솜-이불[솜니불]　　　홑-이불[혼니불]　　　막-일[망닐]

삯-일[상닐]　　　　　맨-입[맨닙]　　　　　꽃-잎[꼰닙]

내복-약[내봉냑]　　　한-여름[한녀름]　　　남존-여비[남존녀비]

신-여성[신녀성]　　　색-연필[생년필]　　　직행-열차[지캥열차]

늑막-염[능망념]　　　콩-엿[콩녇]　　　　　담-요[담뇨]

눈-요기[눈뇨기]　　　영업-용[영엄뇽]　　　식용-유[시공뉴]

국민-윤리[궁민뉼리]　밤-윷[밤뉻]

　　　다만, 다음과 같은 말들은 'ㄴ' 음을 첨가하여 발음하되, 표기대
　　　　로 발음할 수 있다.

이죽-이죽[이중니죽/이주기죽]　　야금-야금[야금냐금/야그먀금]

검열[검ː녈/거멸]　　　　　　　　욜랑욜랑[욜랑뇰랑/욜랑욜랑]

금융[금늉/그뮹]

[붙임 1] 'ㄹ' 받침 뒤에 첨가되는 'ㄴ' 음은 [ㄹ]로 발음한다.

들-일[들릴]　　　솔-잎[솔립]　　　　설-익다[설릭따]

물-약[물략]　　　불-여우[불려우]　　서울-역[서울력]

물-엿[물렫]　　　휘발-유[휘발류]　　유들유들[유들유들]

[붙임 2] 두 단어를 이어서 한 마디로 발음하는 경우에도 이에
　　　　준한다.

한 일[한닐]　　　옷 입다[온닙따]　　　서른 여섯[서른녀섣]

3연대[삼년대]　　먹은 엿[어근녇]

할 일[할릴]　　　잘 입다[잘립따]　　　스물 여섯[스물려섣]

1연대[일련대]   먹을 엿[머글렫]

다만, 다음과 같은 단어에서는 'ㄴ(ㄹ)' 음을 첨가하여 발음하지 않는다.

6·25[유기오]   3·1절[사밀쩔]   송별-연[송:벼련]

등용-문[등용문]

제30항 사이시옷이 붙은 단어는 다음과 같이 발음한다.

1. 'ㄱ,ㄷ,ㅂ,ㅅ,ㅈ'으로 시작하는 단어 앞에 사이시옷이 올 때에는 이들 자음만을 된소리로 발음하는 것을 원칙으로 하되, 사이시옷을 [ㄷ]으로 발음하는 것도 허용한다.

냇가[내:까/낻:까] 샛길[새:낄/샏:낄] 빨랫돌[빨래똘/빨랟똘]

콧등[코뜽/콛뜽]   깃발[기빨/긷빨]   대팻밥[대:패빱/대:팯빱]

햇살[해쌀/핻쌀]   뱃속[배쏙/밷쏙]   뱃전[배쩐/밷쩐]

고갯짓[고개찓/고갣찓]

2. 사이시옷 뒤에 'ㄴ,ㅁ'이 결합되는 경우에는 [ㄴ]으로 발음한다.

콧날[콛날→콘날]   아랫니[아랟니→아랜니]

툇마루[퇻마루→퇸마루] 뱃머리[밷머리→밴머리]

3. 사이시옷 뒤에 '이' 음이 결합되는 경우에는 [ㄴ]으로 발음한다.

베갯잇[베갣닏→베갠닏]   깻잎[깯닙→깬닙]

나뭇잎[나묻닙→나문닙]   도리깻열[도리깯녈→도리깬녈]

뒷윷[뒫늁→뒨늁]

4.6.2 표준발음법과 음운론

앞의 4절에서 살핀 음운규칙과 표준발음법의 관계에 대해 고찰하기 위해, 먼저 위의 ≪표준발음법≫과 음운규칙의 직접적인 연관성에 대해 정리해 보기로 한다.

(1) 표준발음법 제5항의 다만 1, 2, 3, 4 규정은 모음의 단모음화 (單母音化) 현상에 해당한다.

(2) 표준발음법 제6항의 (2)의 규정은 모음의 단모음화(短母音化) 현상에 해당한다.

(3) 표준발음법 제6항의 [붙임]의 규정, 그리고 제7항의 1, 2 규정은 보상적 장모음화 현상에 해당한다.

(4) 표준발음법 제8항과 제9항은 음절말 중화 규칙에 해당한다.

(5) 표준발음법 제10항과 제11항은 겹받침단순화 규칙에 해당한다.

(6) 표준발음법 제12항과 1의 규정은 격음화 규칙에 해당한다.

(7) 표준발음법 제12항의 2 규정은 음절연결제약과 관련되며, ㅎ 탈락 현상에 해당한다.

(8) 표준발음법 제12항의 3 규정은 음절말 중화 현상과 비음화 현상에 해당한다.

(9) 표준발음법 제12항의 4의 규정은 ㅎ탈락 현상에 해당한다.

(10) 표준발음법 제13항, 제14항의 규정은 연음규칙(連音規則)에 해당한다.

(11) 표준발음법 제15항의 규정은 음절말 중화, 연음규칙에 해당하는 것으로, 곧 절음법칙에 해당한다.

(12) 표준발음법 제17항의 규정은 구개음화 현상에 해당한다.

(13) 표준발음법 제18항과 제19항의 규정은 비음화 현상에 해당한다.

(14) 표준발음법 제20항의 규정은 유음화 현상에 해당한다.

(15) 표준발음법 제21항의 규정은 조음위치동화 현상에 해당하는 것으로, 이 현상을 적용하여 발음하는 것은 표준발음이 아님을 지적한 것이다.

(16) 표준발음법 제22항의 규정은 반모음 이 [j] 첨가 현상에 해당
     한다.
(17) 표준발음법 제23항부터 28항까지는 경음화 현상에 해당한다.
     경음화 현상의 네 경우를 구분하여 규정해 놓은 것이다.
(18) 표준발음법 제29항의 규정은 'ㄴ'첨가 현상에 해당한다.
(19) 표준발음법 제29항의 [붙임1] 규정은 'ㄴ'첨가와 유음화 현상
     에 해당한다.
(20) 표준발음법 제30항의 규정은 사이시옷이 들은 단어의 발음
     을 언급한 것으로, 1의 규정은 경음화 현상을 적용하는 경우
     이며, 2의 규정은 비음화 현상을 적용하는 경우이고, 3의 규
     정은 'ㄴ'첨가와 비음화 현상을 적용하는 경우이다.

  이상의 항목들은 ≪표준발음법≫의 규정 중 음운규칙과 직접 관련되
는 것들이다. 그런데 표준발음법이 음운규칙에는 들어 있지 않는 것이
있다. 표준발음법 제16항의 규정은 음운규칙으로는 설명이 안 되는 특
별한 경우를 규정한 것이다. 자음의 이름을 읽는 방식이 음운론 현상
으로는 규정되지 않으나 관습을 존중하기로 한 것이다.
  그러면, 앞에서 제시된 많은 음운규칙들은 ≪표준발음법≫에 왜 수
용되지 않은 것인가? 이 점을 보기 위해 음운규칙 별로 생각하기로 한
다.

  (1) 폐쇄음첨가 현상(예: 재빨리→잽빨리)은 수의적인 것이며, 비
     표준발음이다. 그러므로 표준발음법에는 지적하지 않고 있다.
     반면 조음위치동화(예: 팥빙수→팝삥수)는 비표준발음이면서
     도 표준발음법에 그렇게 하는 것이 비표준임을 제시하고 있
     다. 이는 조음위치동화를 더 많이 잘못 쓰기 때문이라고 생각
     된다.

(2) 마찬가지로 폐쇄음탈락 현상(예: 고집뿐→고지뿐 / 받떠라→
　　바떠라)도 표준발음법에서는 언급하지 않고 있다. 그런데 폐
　　쇄음 탈락 중 'ㄷ탈락'(예: 얻습니다→어씀니다)는 필수적으로
　　일어나는 것이지만 표준발음법에서는 제시하지 않고 있다.
(3) 두음법칙은 표준발음법의 문제가 아니라 한글맞춤법의 문제
　　가 된다. 두음의 소리를 이미 표기에 반영했기 때문이다.
(4) 모음의 음운현상인 음운도치는 비표준발음이 되므로, 표준발
　　음법에서는 언급하지 않았다.
(5) 모음의 음운현상인 전설모음화는 비표준발음이 되므로, 표준
　　발음법에서는 언급하지 않았다. 그러나 표준발음법 21항에서
　　조음위치동화는 표준발음이 아니라고 지적한 것과 마찬가지
　　로 전설모음화를 언급하는 것도 좋았을 것이다.
(6) 모음조화는 이미 표기에 반영되는 것으로 표준발음법으로는
　　언급할 필요가 없다. 이것은 ≪한글맞춤법≫ 제16항에 모음
　　조화의 표기법으로서 제시되어 있다.
(7) 원순모음화는 비표준발음이므로 표준발음법에서는 언급하지
　　않았다.
(8) 음운규칙 중 동모음탈락은 표기에 이미 반영해야 하는 것으
　　로, ≪한글맞춤법≫ 34항에 제시되어 있다.
(9) '으'모음탈락은 ≪한글맞춤법≫의 제18항의 4, '어간의 끝 ㅜ,
　　ㅡ가 줄어질 적' 항에 언급되어 있다. '으'불규칙용언을 제시
　　한 것이다.
(10) 음운규칙의 이음과정은 표준발음법에는 제시될 필요가 없다.
　　　표준발음법은 음소 수준에서 정한 것이기 때문이다.

　　≪표준발음법≫과 음운규칙에서는 'ㄹ'불규칙용언과 'ㅡ'불규칙용언
에 대한 것을 언급하고 있다. 그러나 한국어에는 이밖에도 다음과 같
은 불규칙용언이 있다. 이것은 물론 음운규칙으로 제시할 성질은 아니
지만, 형태와 형태가 만나서 소리를 이룬다는 점에서 참고해 보기로

한다.

<불규칙용언의 음운론>

(1) ㅂ불규칙용언 : 깁다, 굽다, 가깝다, 괴롭다, 맵다, 무겁다, 밉다, 쉽다, 돕다, 곱다(예외: 좁다, 굽다 * 'ㅂ' 받침 용언은 규칙적으로 활용하는 말보다 불규칙적으로 활용하는 말이 대부분이다)

(2) ㄹ불규칙용언 : 울다, 알다 등(「통일학교문법」에서는 어간의 끝소리 'ㄹ'이 일정한 어미 앞(ㄴ,ㄹ으로 시작되는 어미, -ㄹ, -오, -오-, -시 어미 앞)에서 예외없이 탈락되므로 불규칙활용으로 규정하지 않고 있음. 예: 우니, 웁니다, 울, 우오, 우옵니다, 우시면)

(3) 러불규칙용언 : 이르다, 푸르다, 누르다(동사 '이르다'와 형용사 '푸르다, 누르다, 노르다' 뿐임)

(4) 르불규칙용언 : 가르다, 부르다, 거르다, 오르다, 구르다, 이르다, 벼르다, 자르다, 지르다

(5) ㅅ불규칙용언 : 긋다, 낫다, 잇다, 짓다

(6) ㅎ불규칙용언 : 그렇다, 까맣다, 동그랗다, 퍼렇다, 하얗다

(7) 우불규칙용언 : 푸다

(8) 으불규칙용언 : 크다, 쓰다, 모으다, 담그다

(9) 여불규칙용언 : 하다

❋ 생각샘

1. IMF 사태 때 생긴 한자 신조어 환란(患亂)의 발음을 [활란]이라고 하는 것은 어떻게 설명할 수 있을까? (성경에 나오는 "환난(患難)"은 [환난]이라고 발음한다.)

2. 여러분이 발음하는 것 중에서 전설모음화, 원순모음화, 단모음화의 예를 찾

아 소개해 보시오.

3. "낻까 내까 샌낄 새낄"을 음운론적으로는 어떻게 설명할 수 있을까요?

4. "맡기다-맏끼다-마끼다"는 음운론적으로 어떻게 설명할 수 있을까요?

5. 다음 단어의 발음에서, 표준발음을 하기 위해서 경음화 현상이 일어나지 않아야 하는 예를 골라 동그라미를 하고 왜 경음화가 일어나지 않아야 하는지 설명하시오.

강바람[강빠람], 고추[꼬추], 과대표[꽈대표], 방법[방뻡], 사건[사껀], 손등[손뜽], 숟가락[숟까락], 습진[습찐], 안과[안꽈], 효과[효꽈]

6. 다음 단어의 발음에서, 표준발음을 하기 위해서 ㄴ첨가 현상이 일어나지 않아야 하는 예를 골라 동그라미를 하시오.

금요일[금뇨일], 금융[금늉], 들일[들릴], 서울역[서울녁], 솔잎[솔립], 송별연[송별년], 일광욕[일광뇩], 태평양[태평냥], 편육[펴뉵]

7. 다음 단어의 발음에서, 표준발음을 하기 위해서 비음화 현상이 적용되어야 하는 경우는 (비)라고 표시하고, 유음화 현상이 적용되어야 하는 경우는 (유)라고 표시하시오. 그리고 각각에 대한 표준발음을 [   ]로 적으시오.

(1) 음운론

(2) 대관령

(3) 물난리

(4) 천리

(5) 삼천리

연습문제

1. 다음 자음들을 국제음성기호로 전사하시오

    (1) '불, 바다, 보리'에서 평음 'ㅂ'

    (2) '풀, 피리, 남포, 고프다'에서 격음 'ㅍ'

    (3) '나비, 갈비, 냄비'에서 유성음 'ㅂ'

    (4) '갑, 갚'에서 불파음 'ㅂ, ㅍ'

    (5) '많이, 너무, 감'에서 비음 'ㅁ'

    (6) '돌, 다리, 더러운'에서 평음 'ㄷ'

    (7) '탈, 터, 티끌'에서 격음 'ㅌ'

    (8) '띠, 떨다, 딸기'에서 경음 'ㄸ'

    (9) '가다, 맴돌고, 명도'에서 유성음 'ㄷ'

    (10) '낟, 낱, 낫, 낮, 낯, 낳, 났'에서 불파음 'ㄷ, ㅌ, ㅅ, ㅈ, ㅊ, ㅎ, ㅆ'

    (11) '나무, 간다, 사나이'에서 비음 'ㄴ'

    (12) '보니, 녀석'에서 비음 'ㄴ'

    (13) '감, 고기, 기름'에서 평음 'ㄱ'

    (14) '코, 칼, 크다'에서 격음 'ㅋ'

    (15) '꼴, 끼다, 까다'에서 경음 'ㄲ'

    (16) '전기, 자기, 장가'에서 유성음 'ㄱ'

    (17) '덕, 덖, 억'에서 불파음 'ㄱ, ㄲ, ㅋ'

    (18) '강, 땅, 동그라미'에서 비음 'ㅇ'

    (19) '잡다, 지우다, 쥐'에서 평음 'ㅈ'

    (20) '추위, 멈춤, 촌'에서 격음 'ㅊ'

    (21) '짬, 쪼다, 가짜'에서 경음 'ㅉ'

(22) '만지다, 아주머니, 궁지'에서 유성음 'ㅈ'

(23) '사랑, 소리, 이슬'에서 평음 'ㅅ'

(24) '쓸다, 참쌀, 쏘다'에서 경음 'ㅆ'

(25) '시간, 자식'에서 평음 'ㅅ'

(26) '씨, 살구씨'에서 경음 'ㅆ'

(27) '하다, 홍수, 감흥'에서 평음 'ㅎ'

(28) '라디오, 칼'에서 설측음 'ㄹ'

(29) '우리, 나라'에서 탄설음 'ㄹ'

(30) '훌륭, 갈림'에서 설측음 'ㄹ'

2. 다음 예에 적용되는 음운현상의 이름을 쓰시오. 표준발음으로는 인정하지 않는 관습음에 대해서는 "관"이라는 표기를 하시오.

(1) 감기 - [강기]

(2) 밥물 - [밤물]

(3) 눈동자 - [눈똥자]

(4) 넓게 - [널께]

(5) 닫는 - [단는]

(6) 광한루 - [광할루]

(7) 가슴앓이 - [가슴아리]

(8) 읊는 - [음는]

(9) 숟가락 - [숟까락] - [숙까락] - [수까락]

(10) 밭 아래 - [바다래]

(11) 음운론 - [음울론]

(12) 있다 - [읻따] - [이따]

(13) 값어치 - [가버치]

(14) 목소리 - [목쏘리]

(15) 비가 많이 올 것으로 보입니다 - [비가 마니 올 꺼스로 보임니다]

(16) 한국어문학과 - [항국어문학꽈] - [항국어문하꽈]

(17) 콧날 - [콘날]

(18) 할 도리 - [할또리]

(19) 칼날 - [칼랄]

(20) 할는지 - [할른지]

(21) 놓고 - [노코]

(22) 밭일 - [반닐]

(23) 수돗가 - [수돋까] - [수도까]

(24) 국민윤리 - [궁민뉼리]

(25) 등불을 밝혀라 - [등뿌를 발켜라]

(26) 급행열차 - [그팽녈차]

(27) 금요일 - [금뇨일]

(28) 금융 - [그뮹] - [금늉]

(29) 적히다 - [저키다]

(30) 밝히다 - [발키다]

(31) 서양요리 - [서양뇨리]

(32) 집일 - [짐닐]

(33) 졸업여행 - [조럼녀행]

(34) 꽃길 - [꼳낄] - [꼭낄] - [꼬낄]

(35) 멋있다 - [머딛따] - [머싣따] - [머시따]

3. 다음 발음은 표준발음도 있고 잘못된 발음도 있다. 이 발음에 관련되는 음운현상의 이름을 쓰시오. 그리고 표준발음에 (표). 비표준발음에 (비)라고 표기하시오.

(1) 십리 → [심니]

(2) 대통령 → [대통녕]

(3) 달님 → [달림]

(4) 곤란해 → [골란해]

(5) 팥빙수 → [팝삥수]

(6) 재빨리 → [잽빨리]

(7) 어떠냐 → [얻떠냐]

(8) 베끼다 → [벡끼다]

(9) 얻습니다 → [어씀니다]

(10) 입학 → [이팍]

(11) 태양열 → [태양녈]

(12) 맏이 → [마지]

(13) 앞 → [압]

(14) 넋 → [넉]

(15) 무릎을 → [무르플]

(16) 뜯기다 → [띧기다]

(17) 앞으로 → [아푸로]

(18) 피어 → [피여]

(19) 사례 → [사레]

(20) 삼다도 → [samdado]

4. 다음 발음에 적용되는 음운규칙은?

올나이트, 국민, 문고, 열혈남아, 나뭇잎, 맹렬국문, 앞니, 줄넘기, 실내, 생산량, 오늘내일, 할는지

5. 다음 단어의 표준발음을 적으시오.

1. 백열등

2. 천일염

3. 음운론

4. 뒷일

5. 검열

6. 금융권

7. 사건

8. 효과

9. 문법

10. 팥빙수

11. 계시다

12. 희망

13. 띄어쓰기　　　　　　14. 우리의

15. 뱉다　　　　　　　　16. 맏형

17. 뚫네　　　　　　　　18. 맛없다

19. 맛있다　　　　　　　20. 멋있다

21. 곤란해　　　　　　　22. 대관령

23. 광한루　　　　　　　24. 물난리

25. 공권력　　　　　　　26. 사례

27. 아니오　　　　　　　28. 늑막염

29. 영업용　　　　　　　30. 한여름

31. 솜이불　　　　　　　32. 서울역

33. 물약　　　　　　　　34. 송별연

35. 6.25　　　　　　　　36. 3.1절

37. 금요일　　　　　　　38. 디귿이

39. 히읗을　　　　　　　40. 피읖이

41. 솔잎　　　　　　　　42. 일광욕

43. 태평양　　　　　　　44. 편육

45. 삼천리　　　　　　　46. 천리

47. 십리　　　　　　　　48. 사건

49. 효과　　　　　　　　50. 문법

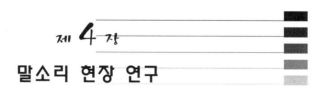

제 4 장
말소리 현장 연구

1. 한국어의 운율 요소

말소리에 사용되는 모음과 자음을 분절음(分節音)이라고 하는 반면, 이러한 분절음에 얹혀서 말소리의 운율적(韻律的) 특징을 이루는 길이, 높이, 세기 등의 요소를 초분절(超分節) 요소라고 한다. 앞에서 살핀 분절음의 정확한 구사와 함께 정확한 운율 요소를 구사함으로써 비로소 바른 음성언어 구사가 이루어지게 된다.

언어권마다 어떤 운율 요소가 의미의 분화에도 관련되는가 하는 점이 다르다. 중국어는 한 음절이 갖는 성조(聲調)에 따라 뜻이 달라지는 성조언어이다. 영어는 강세(强勢, accent)가 어디 놓이는가에 따라 뜻이 달라지는 언어이다. 한국어는 음절의 길이에 따라 뜻이 달라진다. 그리고 문장의 억양에서, 문장에서 끝을 높이는가 안 높이는가에 따라 물음과 서술을 분간하는 기능을 갖는다. 각 언어에서 운율 요소가 말의 뜻의 분화에 관련될 때 그것을 운소(韻素, prosodeme)라고 일컫는다. 앞

에서 본 분절음들 중 뜻의 분화에 관련되는 개념을 음소(音素, phoneme)
라고 한 것과 마찬가지로, 변별적인 기능을 갖는다는 뜻을 지닌다.

(1) 소리의 길이(Length)

몇 음절로 이루어진 단어의 어떤 음절에 대해 길게 발음하는가 짧게
발음하는가 하는 것이 바로 소리의 길이이다. 우리말은 소리의 길이에
따라 뜻이 분화되는 단어들이 있다. 긴 소리에 대해서는 [:] 표시를
한다.

> 예) 눈 / 밤 / 말 / 발 / 벌
> 감사 / 과장 / 김 / 거리 / 차관 / 장수 / 서리 / 선수

(2) 소리의 높이(Pitch)

소리의 높이는 앞뒤 음절과 비교한 상대적 개념으로서의 높낮이를
말한다. 상승(↑), 하강(↓), 수평(→) 셋 정도로 구별한다. 문장의 끝을
높이는가 안 높이는가에 따라 물으려는 뜻인가, 아닌가 하는 것이 구
별된다. 문장의 높이를 특별히 억양(抑揚, intonation)이라고 한다.

> 예) 철수 학교 갔어(→) - 서술
> 철수 학교 갔어(↑) - 의문

단어의 각 음절에 소리의 높이가 구사될 때 그것을 성조(聲調)라고
한다. 성조를 어떻게 구사하는가에 따라 뜻이 달라지는 언어는 중국어

이다. 중국어를 성조 언어(tone language)라고도 한다. 가령, 현대 베이징어는 같은 소리 "마"라도 성조가 어떤가에 따라 네 가지 뜻을 지닌다. 1성 [ˉma]는 '母'의 뜻, 2성 [´ma]는 '麻'의 뜻, 3성 [ˇma]는 '馬'의 뜻, 4성 [`ma]는 '罵(욕할 매)'의 뜻을 지닌다.

　한국어의 경우에, 소리의 높이는 방언의 특징을 기술하는 데에 필수적인 요소이다. 여러 방언 중에서도 경상도 방언과 함경도 방언은 말의 높낮이에 굴곡이 심하다. 단어에 붙는 높낮이를 특히 성조라고 하는데, 성조에는 H(high tone), L(low tone), M(mid tone), R(rising tone), F(falling tone), 그리고 복합성조인 LH, HL 같은 것이 있다. 이러한 성조를 이용하여 우리말 방언의 특징을 잘 기술할 수 있다.

예) 경남 방언 : 가라라(替, 耕) HLL(전등을 갈아라, 밭을 갈아라)
　　　　　　　　가라라(磨)　　LHL(칼을 갈아라)
　　광주 방언 : 말씀 HM,　사람 HM,　　　처절 HM
　　　　　　　　나무 MH,　보리밥 MHM,　나무에서 MHMM
　　　　　　　　참새 HH,　참새다 HHM,　코끼리까지 HHMMM
　　　　　　　　학교 HH,　학교에 HHM,　사랑한다 HHMM
　　경북 방언 : 마리만타(馬) HLRH, 마리만타(斗) HHRH,
　　　　　　　　마리만타(言) RHRH
　　　　　　　　가지(茄) LH, 가지가 LHL, 가지도 LHL,
　　　　　　　　가지까지 LLHL
　　　　　　　　가지(枝) HH, 가지가 HHL, 가지도 HHL,
　　　　　　　　가지까지 HHLL

예) 창원 방언	삼척 방언	대구 방언	북청 방언
나무에도	나무에도	나무에도	나무에도
HHMM	HHMM	HHMM	MMHH

(3) 소리의 세기(Stress)

소리의 세기란 말의 어떤 부분에 특별히 힘을 들여 소리를 크게 하는 것을 말한다. 세게 발음되는 부분, 곧 강세가 놓이는 부분을 ' ´ '로 표시한다. 소리의 세기가 단어 중에 어디 놓이느냐에 따라 뜻이 달라지는 언어는 영어이다. 가령, 영어의 'increase'는 '증가'라는 뜻의 명사로 쓰일 때는 [ínkri : s], '증가하다'라는 뜻의 동사로 쓰일 때는 [inkrí : s]가 된다. 'decrease'도 역시 '감소'라는 뜻의 명사로 쓰일 때는 [dí : kris], '감소하다'는 뜻의 동사로 쓰일 때는 [dikrí : s]가 된다. 같은 분절음이라도 강세가 앞에 놓이는가, 뒤에 놓이는가에 따라 품사적인 뜻이 달라지는 것이다. 또, 'white house'의 경우, 'white'에 강세가 놓이면, '백악관'을, 'house'에 강세가 놓이면, '하얀 집'을 뜻하는 분화가 일어나기도 한다.

한국어에서 소리의 세기가 달라짐으로 해서 단어의 뜻이 달라지는 않는다. 그러나 한국어에는 고유한 세기가 구사되고 있다.

> 예) 강약약: 쇠고기, 사람들, 교육, 전화, 감사합니다, 죄송합니다
> 약강약: 화장실, 자전거, 기차, 전합니다

또한 한국어 문장에서 소리의 세기는 특별히 그 부분을 강조하고자 할 때 구사된다.

> 예) 영이가 5일날 왔어. – 영이가 5일날 왔어. 영이가 5일날 왔어.

2. 현대인의 발음 진단

발음을 정확히 하기 위해서는 다음과 같은 점을 중심으로 발음을 진단해야 한다.

　　1. 모음의 음가가 정확한가?
　　2. 자음의 음가가 정확한가?
　　3. 음운규칙을 정확히 지키는가?
　　4. 운율 요소를 정확히 지키는가?

표준발음을 익혀 보자. <이현복(1985) 참고>

　　(1) 모음 'ㅔ'와 'ㅐ'
　　　　베/배, 게/개, 세/새, 체/채, 네/내, 데다/대다, 세다/새다, 베다/
　　　　배다, 메기/매기, 계집/개집, 떼다/때다, 네것/내것, 외(=웨) /왜,
　　　　제발/재발, 계시/개시, 예/애

　　(2) 모음 'ㅡ'와 'ㅜ'
　　　　글/굴, 음/움, 즉/죽, 들/둘, 는다/눈다

　　(3) 모음 'ㅡ'와 'ㅓ'
　　　　성공, 어머니, 음악, 들판, 밥그릇

　　(4) 긴 'ㅓ'와 짧은 'ㅓ'
　　　　꿀벌/ 벌 받다, 운동선수/선수 치다, 없다/업다, 돈이 적다/글
　　　　을 적다

(5) 긴 'ㅣ'와 짧은 'ㅣ'

일을 하다/일 번, 김밥/김씨, 기생/기생충, 시련/실연, 시장/시
장하다

(6) 긴 'ㅔ'와 짧은 'ㅔ'

베다, 게시판, 계단, 세 가지, 계층, 제비가 네 마리, 세 분,
베옷, 메밀꽃, 메주, 체육, 계란, 계제, 특혜, 조례

(7) 긴 'ㅐ'와 짧은 'ㅐ'

애 쓰다, 애국가, 해방, 매수, 해빙, 애쓰다, 개다, 개집, 새털,
매달, 채소, 애기, 애수, 액체, 백성, 재미, 재량, 색채, 내기,
새집, 재수, 대장, 생각

(8) 긴 'ㅏ'와 짧은 'ㅏ'

아무, 아무쪼록, 안질, 암초, 감기, 난방, 난국, 방심, 방송, 방
문, 상상, 장려, 아기, 아버지, 아들, 안전, 낙서, 강산, 나무,
나라, 말, 도라지, 살림, 날리다

(9) 긴 'ㅗ'와 짧은 'ㅗ'

오십, 오백, 교장, 소장, 총장, 오후, 오전, 돈, 손해, 포장, 곰
탕, 소신, 놀다, 오두막, 오징어, 온돌, 곧장, 소, 손수건, 오동
나무, 기독교, 고단한, 종로

(10) 긴 'ㅜ'와 짧은 'ㅜ'

우군, 부자(富者), 운수, 구경, 부채(負債), 수분, 구조, 수박,
무기, 주소, 주사, 눈발, 우산, 부자(父子), 군경, 문학, 부채
(扇), 굴비, 구석, 술잔, 죽다, 굽히다, 춥다

대학생들이 평소에 하는 자신의 발음 중 표준발음이 아니라고 생각

되는 사례들로 뽑은 예들을 제시해 본다.

[학생들이 뽑은 사례]
미안[미얀] / 그러면은[그믄은] / 맹렬국문[혁가꼬인다] / 김밥[김
빱] / 효과적[효꽈적] / 못 알아듣겠어[모 라라듣겐써] / 뭐야?[모
야] / 과대[꽈대] / 여보세요[여브세여] / 빗으로(머리빗)[비츠로] /
맛있다[마싯따] / 폭발[폭팔] / 콧물[콤물] / 할게[할께] / 몇 학년
[며닥년] / 엄청 배고파[음청 배고파] / 뭐하냐?[뭐다냐] / 하고[하
구] / 안녕하세요? [안녕하세여] / 했어요[해떠요] / 전화[저나] /
뭐 하는데? [모 하는데] / 어떡해[어뜨케] / 해야 되는데[해야 대
는데] / 아이스크림[아스크림] / 끝이[끄시] / 얼른 와 [얼릉 와] /
못 생긴 게[몬 생긴 게] / 가르쳐 줘 [아르켜 줘] / 자장면[짜장면]
/ 뭐라고? [모라고] / 수업 [섭] / 땅거지[땅그지] / 친구[칭구] / 네
가[니가] / 관광[꽝강] / 위험해[우염해] / 숟가락[숙까락] / 젓가락
[저까락] / 벗기다[벅끼다] / 팥만 넣어라[팜만 너어라] / 움켜쥐고
[웅켜쥐고] / 얻지 못할까 [어찌 모탈까]

3. 방언의 발음 특성

방언에는 그 지방마다 각기 다르게 익어온 말의 특성이 있다. 음운
의 체계, 운율 요소, 어휘의 종류 등에서 차이가 난다. 우리나라 방언
중 가장 적은 수의 모음을 가진 경상도 방언은 6모음 체계이다. 단모음
'ㅐ'와 'ㅔ'가 대립되지 않고 'ㅓ'와 'ㅡ'의 대립도 안 된다. 'ㅚ, ㅟ, ㅓ,
ㅙ, ㅞ'도 하기 힘든 발음이다. 그 밖의 이중모음 'ㅑ, ㅕ, ㅛ, ㅠ'이 어두
에 올 때에는 역시 단모음으로 발음한다. 다음 경상 방언의 예들은 이
러한 모음의 사정을 말해 준다.

예) 음악 → [어먹], 쓸데없이 → [씰때업씨], 글 → [걸]
　　외국 → [에국], 궤짝 → [게짝], 위장 → [이장], 쥐 → [지]
　　의리 → [으리], 의논 → [이논], 외갓집 → [애가찝/이가찝]
　　왜? → [와], 횃불 → [햇불], 며느리 → [매느리]
　　결론 → [겔론], 면도 → [멘도/민도], 과자 → [가자]
　　국화 → [구카], 병 → [벵]

　자음 중 '쌔'을 된소리로 발음하지 못하고 'ㅅ'으로 발음한다. 표준발음에서 경음화가 일어나는 곳도 경상 방언에서는 경음화로 발음하지 않는다.

예) 쌀 → [살], 싸우다 → [사우다]
　　박사 → [박사](×박싸), 설사 → [설사](×설싸)

　연음이 되어야 할 곳을 절음으로 발음하는 것도 역시 경상 방언의 특징이다.

예) 필요 → [필+요](×피료), 절약 → [절+약](×저략), 활용 →
　　[활+용](×화룡)

　심지어는 다음과 같은 절음화도 일어난다.

예) 목요일 → [몽뇨일], 월요일 → [월료일], 육이오 → [융니오],
　　활용 → [활룡]

　조음위치동화(변자음화)도 많이 일어난다.

예) 밥그릇 → [박그륵], 곱게 → [곡게], 굳게 → [국께]
   손발 → [솜발],   감기 → [강기]

구개음화도 많이 일어난다. 이것은 전라, 충청 방언도 마찬가지이다.

예) 길 → [질], 김치 → [짐치], 힘 → [심]

움라우트 또한 많이 일어난다. 이것은 전라, 충청 방언도 마찬가지이다.

예) 잡히다 → [재피다], 속이다 → [새기다], 벗기다 → [베끼다],
   기막힌 → [기매킨]
   소나기 → [소내기], 뜯기다 → [띠끼다], 지팡이 → [지팽이],
   지푸라기 → [지푸래기]
   먹이다 → [메기다], 부스라기 → [부스래기]

반면에 충청 방언에서는 단모음 'ㅓ'가 이중모음 'ㅝ'로 변하는 특징을 갖는다. 전라방언에서도 마찬가지이다.

예) 어디야? → [워디여], 어쩐다? → [워쩐디야], 언제 → [원제]

표준발음 'ㅐ'가 이중모음으로 'ㅕ' 또는 모음이 연속인 '이어'로 난다. 전라방언에서도 마찬가지이다.

예) 그래 → [그려 / 그리어],   해봐 → [혀봐 / 히어봐]

다음과 같은 경우는 음운이 전위된 경우라고 하겠다. 경상 방언의 예이다.

예) 뒤집힌다 → [디비진다],　　두꺼비집 → [뚜거비집]

4. 발음장애 현상

정상적인 발음을 하지 못하는 경우로, 주로 아동기 때 나타나는 발음장애가 있다. 언어 습득 시기에 아동의 발음이 어른과 다른 이유는 청지각 능력의 미발달(지각적 요인)과 조음기능의 미성숙(기질적 요인)에 있다. 음운 발달에 있어서 청지각 능력은 실제의 말소리들을 분별하는 능력이다. [kom]('곰')과 [koŋ]('공')이 다르다고 생각한다든가 [pul] ('불')과 [pʰul]('풀')이 다르다고 생각하는 능력이다. 이러한 조음장애에 대해서는 각 음가 치료 프로그램을 통하여, 자꾸 들려주고, 분별하고, 자신의 발음이 틀리다는 것을 확인하고, 정확한 발음에 근접하게 하는 훈련을 통해 치료를 할 수 있다(이준자, 2000).

반면, 조음기능은 혀의 놀림, 날숨의 조절, 아래턱의 움직임, 입술의 움직임 등과 같은 운동 기능과 치아의 형성과 같은 신체적 성숙과 관련된다. 이러한 기질적 조음장애는 주로 신체구조적 결함, 신경학적 손상과 관련되므로, 치아 교열 등의 신체 치료와 마비 조음장애와 통합운동 장애 치료 등을 병행하여 치료에 접근한다.

이 중 주로 지각적 요인에 의한 조음장애에 대하여 살펴 보기로 한다.

(1) 아동기의 조음장애

아동기는 아직 신체적으로 완성되지 않은 상태이므로, 발음 기관도
역시 마찬가지이다. 따라서 다음과 같은 조음장애들이 일반적으로 일
어난다.

① 마찰음, 파찰음의 정지음화
사고 [tʰago], 술 [tʰul], 맛있지 [majicʼi], 계세요 [kecʼeyo], 눈썹
[nuncʼɔp], 모자 [moda], (그릇에) 담자 [damtʼa], 타자 [tʰada], 영
준이 [yoɲduni], 철사 [tʰutʼa], 전철 [cɔtʰɔ]

② 설측음의 과도음화
올라가는 거 [oyaganiŋɔ], 프라이드 [pʰyaidɨ], 떨어졌네 [tʼɔyɔd
ɔnne], 보리차 [powicʰa]

③ 설측음의 설단음화
라면 [namɨ], 리봉 [niboɲ]

④ [s]의 과도음화
버섯 [pɔːyɔt], 벗었다 [pɔyɔttʼa]

⑤ 음절탈락
혜민이거 [hemiːkʼɔ], 동그라미 [tʼɔɲgaːmi]

그런가 하면, 신체적 성장이 완성된 청소년기 이후, 어른이 되어서도
조음장애를 보이는 경우가 있다. 다음과 같은 유형이 있다.

(2) 혀짤배기 소리

ㅈ → ㄷ,   ㅉ → ㄸ,   ㅆ → ㄸ

ㅊ → ㅌ,   ㅅ → ㅌ,   ㄹ → ㄷ

예) 시조 원문 : 동창이 밝았느냐 노고지리 우지진다
             소치는 아희놈은 상긔 아니 일었느냐
             재 넘어 사래 긴 밭을 언제 갈려 하나니

   혀짤배기 발음 : 동탕이 바간느냐 노고디리 우디딘다
                토티는 하희노믄 탕기아니 이던느냐
                대 너머 타대 긴 바틀 언데 가여 하나니
                            <김차균(1998:20) 인용>

(3) 말더듬이

　말을 더듬는 사람의 대부분은 신경계통 또는 근육 조직에 이상이 없으면서도 말이 잘 안 되고 있는 경우라고 한다. 물론 실제적인 기질 요인에 의한 경우도 있다. 이에 대해서는, 뇌의 좌반구와 우반구의 청각 정보 처리의 불협응(不協應)에서 원인을 찾는다. 그러나 뇌의 작용에 의한 것이라기보다는 여러 심리적, 환경적 요인이 심층적으로 작용하여, 말을 할 때, 호흡 기관, 발성 기관 및 조음기관의 근육들이 제대로 협조되지 않은 상황에서 말을 더듬게 되는 현상으로 나타난다고 본다. 그리고 그 결과는 사회성 결여와 같은 심각한 상황으로 이어진다.

　말더듬이의 특징은 주로 반복에 있다. "하하하학교", "허허허학교", 또는 "사사사산" 등과 같이 하나의 말소리를 또는 하나의 음절을 여러

번 반복하다가 목표한 낱말이 나온다. 그리고 "으", "어", "좀", "예" 같은 간투사를 많이 쓰는 경향이 있다. 그런가 하면 실제 낱말 대신에 대용어(거기, 그것, 걔 등)를 많이 쓴다. 또한 자신이 더듬는 말의 종류를 인지한 상황이라면, 그것을 피할 다른 단어를 대치하기도 한다. 가령, "버스표" 대신에 "회수권"을, "진짜" 대신에 "정말로"를, "짜장면 주세요" 대신에 "실례지만, 짜장면 주세요", "집이 어디냐?" 대신에 "어디냐, 집이?"를 쓴다.

5. 한국어와 영어 발음의 차이점

각 언어권마다 자음과 모음의 특징이 있다. 언어에 사용하는 자음의 수와 모음의 수도 다르고, 그 종류도 다르다. 우리는 영어에 대해 쏼라쏼라 꼬부랑 발음이라는 인상을 받고, 일본어에 대해 똑똑 끊어지며 건조한 발음이라는 인상을 받는다. 불어에 대해서 부드럽게 속삭이는 코맹맹이 발음이라는 인상을 받고, 독일어에 대해서 힘차게 숨을 훅훅 내쉬는 거센 발음이라는 인상을 받는다. 이러한 색다른 인상들은 모두 그 언어권에서 많이 사용되는 자음과 모음의 종류가 다르고, 음소의 배열 방식들이 다르기 때문이다.

영어와 한국어의 예를 들어보자. 영어와 한국어의 공통 음역은 각 소리의 10% 정도밖에 안 된다고 한다. 특히 영어는 약한 음역의 소리들이 많은데, 한국어 화자에게는 잘 들리지 않는 소리들이다. 예를 들어 영어의 'desk'는 우리말의 '데스크'와는 전혀 다른 발음이다. 's'와 'k'가 '으' 모음 없이 자음으로만 발음되는 소리라서 성대 진동이 없으며 따라서 속삭이듯 약하게 소리가 난다. 한국어의 소리는 자음만으로 이루어지는 경우가 없이 모두 모음이 반드시 들어가므로 음절음절이 모두 강하다. 그러나 영어는 잘 들리지 않게 발음하면서 넘어가는 경우가 많다. 곧 한국어와 영어의 음절구조 유형이 다른 데에 기인한다.

　영어가 위와 같은 자음군 때문에 약한 소리가 많은 반면, 한국어는 모음의 진동도 크며, 경음화된 소리도 많다. 가령 영어의 'bus'는 우리말에서 '뻐쓰'가 된다. 영어에도 't' 발음이 있으나, 한국어의 'ㅌ' 발음보다 훨씬 부드럽다. 'party'에서 't'는 [r] 발음에 가깝고, 'water'에서 't'는 [ㄷ] 발음에 가깝다.

　한국어에서는 거센소리와 예사소리가 음운으로서 대립하지만, 영어에서는 그렇지 않다. 그러므로 영어 화자는 한국어의 '갈비'를 [칼비]라고 발음하기 일쑤다.

　한국어와 영어에 사용되는 모음의 종류도 다르다. 영어에는 우리말과 같은 [에] 모음이 없다. 대신에 [애] 모음만 쓰인다(예: back, cap, cat, have). 그런가 하면 한국어에는 없는 [ʌ] 모음이 있는데, 이는 [어] 모음과 [아] 모음의 중간 소리값이다(예: sun, son, one). 영어의 [이] 발음은 [이]와 [에]의 중간쯤 된다(예: it, pin, six).

　자음에서는 영어의 'r'과 'l' 발음이 한국어의 자음 구조와는 많이 다르다. 한국어에는 [r] 발음이 없으며, 그런 발음을 구사할 수 있다 하더라도 [r]과 [l]은 다른 별개의 음소로 인식되지 않는다. 'read, road, room'의 [r] 발음은 혀가 입안의 어디에도 닿지 않은 상태에서 'ㄹ' 소리를 내야 한다. 반면에 'love'는 거의 '울러브'에 가깝도록 [l] 발음을 할 때 혀를 꼬부려야 한다. 영어를 꼬부랑 발음이라고 하는 이유는 바로 [l] 발음의 특징에 연유된다. 'love'와 'rub'는 한국어로 전사하면 같은 발음이 되고 만다. 그러나 영어 발음은 확연히 다르다. 그러나 'film, milk' 같은 경우에 [l] 발음은 [ㄹ] 소리 인상이 거의 드러나지 않는다(10%). [i] 발음 상태의 혀를 단지 안으로 구부린 상태에서 그 다음에 오는 [m] 이나 [k] 발음으로 넘어간다. 'Bill, Seoul' 같이 [l] 발음이 마지막 음절에 오면 [ㅣ]을 혀를 안으로 구부리면서 소리를 이어서 끈다. 초성의 [l] 발음에 비해 50% 정도의 음가를 구사한다.

'Jack' 같은 발음도 한국어와 매우 다르다. 한국어로 전사한다면 '잭' 정도 될 것이다. 그러나 이 발음은 거의 '주액'에 가깝다. 입 모양을 앞으로 삐죽 내미는 것이 중요하다.

영어의 'thank, think, month'의 'th' 소리인 [θ]와 'the, this, they'의 첫소리 [ð] 발음은 한국어에는 없는 발음이라서 한국어 화자가 매우 하기 힘들어한다. 물론 [f], [v] 같은 발음도 한국어에는 없다. 그러므로 정확한 발음 방식을 익히는 도리밖에 없다.

영어의 'nickname' 같은 단어는 동화되지 않는다. 그러므로 '닝네임'이 아니라 그대로 다 발음을 살린 발음으로 해야 한다. 그러나 'his office', 'a cup of coffee', 'Have a nice day', 'big game', 'bus stop' 같은 표현은 단어와 단어 사이를 연결하여 한 단어처럼 발음하므로 주의해야 한다.

영어는 억양, 강세의 정확하고 분명한 구사가 필수적인 언어이다. 그런 운율적 요소를 구사하지 못할 때 영어답지 않은 말소리로 들리게 되는 것이다.

이상과 같이 보면, 타언어권과의 음운 차이가 자음, 모음의 종류, 각 음가, 연결되는 방법 등이 상이함으로 해서 학습자들은 외국어 발음이 어렵다고 느끼게 됨을 알 수 있다. 정확한 음성학, 음운론 지식을 연마

함으로써 보다 정확한 발음을 구사할 수 있게 될 것이다.

생각샘

1. 자신의 발음을 이모저모 관찰하여 특징을 기술해 봅시다.
2. 다른 사람의 발음을 이모저모 관찰하여 특징을 기술해 봅시다.
3. 드라마나 영화에서 구사된 방언을 관찰하여, 성조 특징을 기술해 보고 잘 못된 점을 지적해 봅시다.
4. 드라마나 영화에서 구사된 방언을 관찰하여, 모음과 자음 음가 특징을 기술해 봅시다.
5. 다음 영어를 발음하면서 한국어의 음절 구조 유형과 어떠한 차이점이 있는지 설명해 보자.

   church, street, from, Florida, Thompson, wasn't it? strike

연습문제

1. **다음을 발음해 봅시다(길이에 유의할 것).**

   안을 내다 / 안팎

   산 동물 / 산에 가다

   말 하다 / 말을 타다

   발을 치다 / 발이 아프다

   밤을 먹다 / 밤이 깊다

   살 궁리 / 살이 쪘다

잘 한다 / 잘 시간이다

2. 다음 문장의 성조를 기술해 봅시다.

광주방언 : 이것이 뭐 다냐?

경상방언 : 금마 나쁜 놈이네.

3. 다음의 한국어를 표준발음과 표준 운율로 구사해 봅시다.

안녕하십니까? 2004년 3월 20일 아홉시 뉴스를 전해드리겠습니다. 먼저 폭설 소식입니다. 벚꽃이 만발한 봄철에 때늦은 겨울 꽃이 전국을 강타했습니다. 오늘 하루 강설량, 서울 25센티미터, 부산 30 센티미터, 문경 50센티미터로, 100년만의 폭설을 기록했습니다.

4. 다음 경상 방언에서 일어난 음운 현상을 기술하시오.

가뿟다 (가버렸다)

머라카노 (뭐라고 하느냐?)

뽀끔빱, 꾼밤

찻간→[차칸], 셋간→[세칸]

짜깁기, 아세치린, 짐서방

5. 다음 발음을 연습해 보자.

desk	mask
street	drink
guest	best
strong	tree

smoke	trust
tent	ten
school	cool
drink	dream
chalk	church
west	wet
street	tree

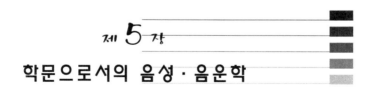

제 5 장
학문으로서의 음성 · 음운학

1. 음성학과 음운론 약사

음성학은 음운론에 비해 비교적 명료하게 학문적인 용어로 인식된다. 그것은 아마도 인간의 언어음을 일반적인 방법으로 연구하는 음성학이 오래되고 잘 설정된 명확한 학문이기 때문일 것이다. 음운론은 60여 년 전부터 이루어져 오고 있는 오늘의 학문이다. 음운론의 입장에서 보면 음운론의 이해를 위해서는 음성에 대한 이해가 기본이 되므로, 음성학은 음운론의 예비교과로 인정한다.

영어에서 phonology라는 용어는 비슷한 의미를 지니고 있으나, 역사음성학을 포함한다. 프랑스에서 음운론이라는 이름으로 사용되는 그것에 가장 잘 부합되는 것은 영어의 pnonemics(음소론)라는 용어인데, 이후 미국에서 생겨난 생성음운론이 새로운 방법에 의한 하나의 학문이 되면서 이것을 지칭하기 위하여 phonology라는 용어를 복원시키고 있다.

음성학과 음운론의 역사에 대해 간략히 살펴보기로 한다.

1.1 음성학 약사

1.1.1 인도의 음성학

(1) 고대 인도인들을 음성학의 창시자로 간주한다.
  - 언어음의 산출에 관여하는 음성기관의 운동에 대해 자세히 연구하였다.
(2) 음성을 조음점과 조음 방법의 두 가지 기준에 따라 분류하였다.
(3) B.C 4세기 경에 Panini가 남긴 Sanskrit 문법론은 음운율서로 꼽힌다.
(4) 인도의 음성학은 중국에 들어와 음학을 성립시키고, 중국의 음성학은 우리나라에 들어 왔다. 인도 음성학의 전통은 19세기에 서양에도 소개되어 현대 음성학을 발달시켰다.

1.1.2 그리스의 언어음 연구

모음과 자음의 구별이 시작되었다.

모음 – 혼자서, 또는 다른 음과 결합해서 음절을 이룰 수 있는 음이다.

자음 – 모음의 도움을 기다려 비로소 음절을 이룰 수 있는 음이다.

모음과 자음에 대한 설명은 B.C 2세기의 Dionysius Thrax에서 이미 볼 수 있다.

1.1.3 비교 문법

(1) Sanskrit의 연구와 그의 유럽 제어와의 친족 관계의 발견으로 비교 문법이 발달되었다.
(2) 19세기 전반에 있어서 그리스 음성학에 집착되어 있었는데, 비교 문법의 발달에 따라 음성 기술 방법에 더욱 자세한 정밀한 설명이 요구되며, 인도 음성학은 주목을 받게 되었다.

1.1.4 근대 음성학

(1) 19세기 후반에 들어와서, 생리학자(E.W.von Brucke, J.N. Czemak), 물리학자(H.L.F.von Helmholtz) 등에 의하여 근대 음성학이 성립되었다(주로 생리학적 연구).
(2) 음성학에 관한 Sievers(1876)와 Sweet(1877)의 명저가 나왔다.
(3) 1886년 국제음성학 협회가 창립, 1896년에 파리에 College de France 음성학 실험실이 생기면서 우수한 음성학자들이 배출되었다.

1.1.5 현대음성학

(1) 현대음성학은 생리음성학, 음향음성학으로 나누어 발전되어 왔다. 현대 생리음성학의 여러 방법은 고전 음성학에서 얘기되던 많은 체계들을 수정하였다.
(2) 최근 청취상의 문제, 청신경 등의 연구를 깊이 하여 청음음성학도 대두되었다.

1.1.6 국어 음성학의 연구

(1) 훈민정음의 자음 모음 체계 수립은 인도에 연원을 둔 중국 음학의 영향을 많이 받았다.
(2) 19세기까지는 주시경의 '음학'에서 보면 서구의 음성학의 자음과 모음의 음성자질 개념을 새로이 받아들였을 뿐, 자음의 분류는 거의 그대로였다.
(3) 국내외 학자들의 업적으로 더욱 정밀한 음성 연구가 계속되고 있다.

1.2 음운론 약사

1.2.1 음운론의 태동

(1) 언어음에는 음성학적 연구로 밝힐 수 없는 일면이 있어 음운론이 발달하게 되었다.
(2) J.Winter(1876) – 음성의 차이에는 의미의 구별을 나타내는 데 이용되는 것과 그렇지 않은 것이 있다.
(3) H.Sweet(1877) – 정밀 표기와 간략 표기
(4) Passy(1890) – 음소의 존재 지각

1.2.2 초기의 음운론 학자들

(1) J. Baudouin de Courtenay는 언어음의 연구에 있어서 생리적, 물리적 현상의 연구와 언어적 현상의 연구를 나누어 두 학과가 필요하다고 주장하였다.

- 'Phoneme'을 음성의 심리적 대당자(對當者)로 정의하고 음성학
  과 구별할 것을 주장하였다.
- 생리음성학은 음성의 과학이고, 심리음성학은 음소의 과학이
  라고 정의하였다.
- 음성과 음소의 구별에는 엄격하였으나 기능의 관점은 현대 음
  성 체계의 개념과는 좀 다른 점이 있었다.

(2) E.Sapir(1833) – 음성적 환경에 따른 variation이란 개념은 현대의
임음의 개념과 합치된다.

1.2.3 프라그 학파 이후의 음운론

(1) 1928년 N.S.Trubetzkoy, R.Jakobson, S.Karcevskij은 음성과 음소,
음성학과 음운론의 구별을 강조하였다. 또한 언어음의 연구는
역사적 진화의 연구도 이루어져야 함을 강조하였다.

(2) Trubetzkoy의 이론
- 음소는 기능을 정의하고, 언어음 중 어떤 것이 의미를 구별하
  는 데 기능하는지, 변별적 기능을 가진 음운 단위는 서로 대립
  되며 음운체계란 음운론적 대립의 총체라고 하였다.

(3) 19세기에는 언어음의 변화에 관한 연구가 실증적으로 이루어졌
다.

(4) 2차 대전 이후에는 음운론 발전이 현저했다.
- 공시음운론(기술음운론) – 어떤 언어에서의 음운적 단위를 결
  정하고 그 음운적 체계의 대립에 대한 연구
- 통시음운론(사적음운론) – 음운 체계의 역사적 발달, 변화와
  그것을 지배하는 법칙 연구

1.2.4 국어의 음운론 연구

(1) 15세기 중엽 – 매우 수준 높은 음운 이론이 발전되었으며, 가장 기본적인 이론은 음절의 삼분법(초성, 중성, 종성)이었다.

(2) 주시경에 의해 현대 음운론 기반이 구축되었다.

(3) 1950년대 미국의 기술언어학의 방법으로 음운 체계가 연구되었다. 1960년대 후반에 생성음운론 이론에 입각한 연구가 시작되었다.

(4) 사적인 음운론도 연구가 많이 되어 훈민정음 이후 현대 국어까지의 연구는 물론, 고대 국어 음의 재구에도 많은 연구가 진행되었다.

2. 구조주의 음운론의 방법

구조주의 언어학은 소쉬르(1916, 1957)의 ≪일반언어학 강의≫에서 시작되었다. 소쉬르(1916, 1957)의 개념들은 언어학은 물론이고 기호론, 문학, 철학 등 여러 인문과학에 영향을 미치고, 다른 학문 영역에까지 영향을 미친 구조주의의 토대를 이룬다. 이른바 20세기 학문의 기점을 이룬다고 해도 과언이 아니다. 그리고 미국에서 태동된 기술언어학의 연구와 프라그 학파의 구조주의가 이른바 구조주의 음운론을 이루었다. 이 책의 앞에서 살핀 음성과 음운의 구별, 그리고 음운의 체계, 음운규칙의 기술은 모두 구조주의 음운론의 산물이다. 이 방법에 입각하여 연구된 내용들이다.

구조주의 언어학은 언어 연구의 본질적인 면에 주목한다. 이를 정리

하면 다음과 같다:

- 언어 실체의 체계성(언어 사실에 단편적으로 접근하는 것은 허무한 것임을 강조하고 체계의 개념에 입각해서 처음부터 다시 연구해야 할 필요성을 강조)
- 자율적인 과학으로서의 언어학의 이론 체계를 구축("언어는 치밀한 체계이며 그 이론 또한 언어와 같이 치밀한 것이어야 한다. 여기 어려운 점이 있다. 언어에 관한 관점을 차례로 늘어놓는 것이 아니라 그것을 하나의 체계로 통합하는 것이어야 한다.")
- 언어학의 정당한 연구 대상은 "랑그", 언어를 내재적 체계로 해석하고 공시태를 중요시하며 "관계"라는 새로운 개념을 도입(소쉬르가 최초로 체계라는 개념을 언어학에 도입한 것은 아니다. 그러나 소쉬르는 언어를 서로 관련된 기호의 체계라고 말하는 데서 만족하지 않고 그러한 관계의 성질과 그것을 지배하는 원리를 수립하려고 했던 것이다).
- 단위, 언어 가치의 정의(랑그는 하나의 체계로서, 이 체계의 모든 사항은 연계적이고 한 사항의 가치는 다른 사항이 동시에 존재함으로써만 생긴다).
- 언어 상태를 이루는 것은 결국 통합과 연합의 이론을 기반으로 하는 것.
- 언어의 자의성에서 언어 기호의 체계적 성격이 파생한다. 언어의 자의성에 의해 언어가 형식화되는데 이 형식화가 언어 체계의 필수적 요인이 되는 것이다.

전통적인 규범언어학에 비하면, 구조주의 언어학은 언어의 본질을 해명하려는 순수과학적인 기본정신을 가지고 있다. 1960년대의 국어학은 구조주의 언어학의 영향을 받으며 이루어진다. 국어의 음운, 형태,

의미에 대한 구조적인 분석이 행해진다. 공시적인 연구의 정립과 아울러, 국어의 역사 연구 또한 구조주의적인 영향을 받으며 이루어진다. 구조주의 방법론에 입각한 국어 연구를 개관하면 다음과 같다.

(1) 음운론

　　음소의 인식 방법에 대한 면밀한 고찰, 대립관계의 파악, 체계를 중심으로 한 음운 변화의 질서추구(허웅, 국어음운론, 1959)

(2) 형태론

　　형태소의 개념 정착, 국어 형태론의 구조적 연구(김민수, 국어문법론연구, 1960)

(3) 의미론

　　Ullmann의 구조주의에 입각한 의미론의 영향, 한국어의 의미론 개척(이용주, 이을환)

(4) 국어사

　　중세어 연구 활발, 국어의 역사가 정리되기 시작함(이기문, 이숭녕, 허웅, 유창돈).

3. 생성음운론의 방법

　구조주의에서 최소의 소리 단위였던 음성과 음소는 더 나누어 실험으로 분석해 낼 수 있는 요소들, 즉 변별적 자질(辨別的 資質)로 이루어진 단위로 보는 관점이 이루어지면서(Jakobson & Halle, 1956), 의미와 연결될 수 있는 음의 연속체나 음운 변화 현상 등을 생성적인 규칙에 의하여 기술함으로써 설명력을 얻은 음운론이 바로 생성음운론이다.

생성음운론에서는 음성을 변별하는 변별자질로서 음과 음의 규칙을
기술한다.

(1) 변별자질(distinctive feature)의 예

[성절성] syllabic / nonsyllabic [±syl] (成節자질) - 모음

[자음성] consonantal / nonconsonantal [±cons] (子音자질) - 자음, 반
    모음

[공명성] sonorant / obstruent [±obs] (共鳴자질:障碍자질) - 모음, 비
    음, 설측음

[설정성] coronal / noncoronal [±cor] (舌頂자질) - 치조음, 경구개음
    (* 조음부위가 혀의 앞쪽 높은 부분)

[전방성] anterior / posterior [±ant] (前方자질:後方자질) - 양순음, 치
    조음

[비음성] nasal / oral [±nas] (鼻音자질:口腔자질) - 비음

[소음성] strident / nonstrident [±strid] (騷音자질, 噪音자질이라고도
    함) - 마찰음, 파찰음

[유기성] aspirated / nonaspirated [±aspirated] (有氣자질, 氣息자질이
    라고도 함) - 유기음 (有氣音)

[긴장성] tense / lax [±tense] (緊張자질) - 경음 (硬音)

[지속성] continuant / stop [±cont] (持續자질) - 모음, 마찰음, 설측음,
    성문음

[입술성] labial / nonlabial [±lab] (脣音자질) - 양순음

[유성성] voiced / voiceless [±voiced] (有聲자질) – 모음, 비음, 설측음

(2) 변별자질로 표기한 국어의 자음 음소와 음성

	ㅂ	ㅍ	ㅃ	b	ㅁ	ㄷ	ㅌ	ㄸ	d	ㄴ	ㅅ	ㅆ	ㅈ	ㅊ	ㅉ	z	ㄱ	ㅋ	ㄲ	g	ㅇ	ㄹ	ㅎ	y	w
syl	-	-	-	-	-	-	-	-	-	-	-	-	-	-	-	-	-	-	-	-	-	-	-	-	-
cons	+	+	+	+	+	+	+	+	+	+	+	+	+	+	+	+	+	+	+	+	+	+	+	+	+
obs	+	+	+	+	-	+	+	+	+	-	+	+	+	+	+	+	+	+	+	+	-	-	+	+	+
cor	-	-	-	-	-	+	+	+	+	+	+	+	+	+	+	+	-	-	-	-	-	+	-	-	-
ant	+	+	+	+	+	+	+	+	+	+	+	+	-	-	-	-	-	-	-	-	-	+	-	-	-
nas	-	-	-	-	+	-	-	-	-	+	-	-	-	-	-	-	-	-	-	-	+	-	-	-	-
strid	-	-	-	-	-	-	-	-	-	-	+	+	+	+	+	+	-	-	-	-	-	-	-	-	-
aspirated	-	+	-	-	-	-	+	-	-	-	-	-	-	+	-	-	-	+	-	-	-	-	+	-	-
tense	-	-	+	-	-	-	-	+	-	-	-	+	-	-	+	-	-	-	+	-	-	-	-	-	-
cont	-	-	-	-	-	-	-	-	+	-	-	-	-	-	-	+	-	-	-	-	-	+	+	+	+
lab	+	+	+	+	+	-	-	-	-	-	-	-	-	-	-	-	-	-	-	-	-	-	-	-	+
voiced	-	-	-	+	+	-	-	-	+	+	-	-	-	-	-	+	-	-	-	+	+	+	-	+	+
sonorant	-	-	-	-	+	-	-	-	-	+	-	-	-	-	-	-	-	-	-	-	+	+	-	-	-

(3) 모음의 소리자질(sound feature)

　위에서 살핀 것과 같은 모음의 체계에서 구분의 기준이 성질을 가지고 개개 모음별로 그 소릿값을 기술할 때 사용할 수 있다. 앞의 기술방법을 구조주의적인 것이라고 한다면, 이 기술 방법은 변형생성주의적인 것이라고 할 수 있다. 앞에서 본 모음의 구조를 참고하며 모음의 소리자질을 [±back], [±high], [±low], [±round]로 두고, 각 모음의 소리값(+ / - / ±)을 적어 보면 다음과 같다.

	ㅣ	ㅔ	ㅐ	ㅜ	ㅗ	ㅏ	ㅡ	ㅓ
back	-	-	-	+	+	±	±	±
high	+	-	-	+	-	-	+	-
low	-	-	-	-	-	+	-	-
round	-	-	-	+	+	-	-	-

(4) 변별자질을 이용한 음운의 기술

예1) 유성음화 : 국어에서 약한 유기성을 띤 무성파열음 [p, t, c, k]는
유성음 사이에서 유성파열음 [b, d, j, g]로 동화된다. 이 현상을
각각의 분절음에 의한 규칙으로 표시하면,

　　　　a. p → b / V_V
　　　　b. t → d / V_V
　　　　c. c → j / V_V
　　　　d. k → g / V_V

와 같이 4개의 개별적인 규칙으로 기술된다. 그러나 이들 네 가지 음에
공통된 변별적 자질만을 묶어 간략히 표시하면 다음과 같이 된다.

$$\begin{bmatrix} - \text{ cont} \\ - \text{ glot} \\ - \text{ aspirated} \end{bmatrix} \rightarrow [+ \text{ voiced}] \; / \; [+ \text{ voiced}] \; \_ \; [+ \text{ voiced}]$$

예2) 국어의 비음화 현상 : 어말의 ㄱ,ㄷ,ㅂ이 후행하는 비음 연결시
비음화되어 ㄱ>ㅇ, ㄷ>ㄴ, ㅂ>ㅁ으로 변한다(예: 국내>궁내,

먹물>멍물, 받네>반네, 톱날>톰날, 밥물>밤물).

이 현상을 각각의 분절음에 의한 규칙으로 표시하면,

k → ŋ / _ N
t → n / _ N
p → m / _ N (N:Nasal 비자음)

위의 음소론적 표시를 자질표기로 바꾸면 다음과 같다.

[+obst] → [+nasal] / _ [+nasal]

예3) 국어의 구개음화 현상 : 어말의 ㄷ,ㅌ이 종속적인 i, j와 연결될 때 ㄷ>ㅈ, ㅌ>ㅊ으로 변한다(예: 곧이>고지, 굳이>구지, 같이>가치, 끝이>끄치).

이 현상을 각각의 분절음에 의한 규칙으로 표시하면,

t → c / _ i
tʰ → cʰ / _ I

위의 음소론적 표기를 자질표기로 바꾸면 다음과 같다.

$$\begin{bmatrix} +ant \\ +cor \\ -strid \end{bmatrix} \rightarrow \begin{bmatrix} -ant \\ +high \end{bmatrix} \Big/ \begin{bmatrix} +high \\ V \end{bmatrix}$$

예4) 이상에 기술된 소리 값을 가지고 우리는 개개의 모음을 기술할 때 다음과 같이 표시할 수 있다.

$$[\,ㅣ\,] = \begin{bmatrix} -back \\ +high \\ -round \end{bmatrix}$$

또한 몇 개의 모음을 한꺼번에 모아 기술할 수도 있다.

$$[\,ㅣ\,],\ [\,ㅔ\,] = \begin{bmatrix} -back \\ -low \\ -round \end{bmatrix}$$

$$[\,ㅣ\,],\ [\,ㅡ\,],\ [\,ㅜ\,] = [+high]$$

생각샘

1. 우리의 생활에 필요한 음운론을 익히기 위해 구조주의 음운론과 생성음운론의 연구 내용을 어떻게 활용하면 좋을지 아이디어를 내 보시오.

2. 국어의 경음화 현상을 생성음운론의 방법을 사용하여 기술해 보시오.

연습문제

1. 다음 표에 한국어 자음 소리의 변별자질 값을 표시해 보시오.

	ㅂ	ㅍ	ㅃ	b	ㅁ	ㄷ	ㅌ	ㄸ	d	ㄴ	ㅅ	ㅆ	ㅈ	ㅊ	ㅉ	z	ㄱ	ㅋ	ㄲ	g	ㅇ	ㄹ	ㅎ	y	w
syl																									
cons																									
obs																									
cor																									
ant																									
nas																									
strid																									
aspirated																									
tense																									
cont																									
lab																									
voiced																									
sonorant																									

2. 다음 표에 한국어 모음 소리의 변별자질 값을 표시해 보시오.

	ㅣ	ㅔ	ㅐ	ㅜ	ㅗ	ㅏ	ㅡ	ㅓ
back								
high								
low								
round								

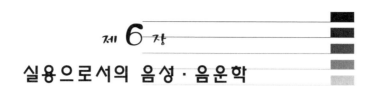

제 6 장
실용으로서의 음성 · 음운학

1. 음소 문자 한글의 세계 문자를 향한 꿈

한국어를 적는 문자인 한글은 음소 문자로서, 세계에서 가장 우수한 문자로 평가된다. 소리와 기호가 대체로 1:1로 대응하며, 세계의 모든 소리들을 표기할 수 있는 구성을 가지고 있기 때문이다. 이에 국어학자들은 한글을 이용하여, 세계의 언어 중에 문자가 없는 언어에 문자를 쓸 수 있게 해 주려는 노력이 시도되고 있다.

이러한 시도의 시작은 이현복(1971)에서 한글음성문자표를 제정한 데서 비롯된다. 한글이야말로 발음기관을 상형한 언어학적 문자라는 성질을 고려하여, 세계 언어를 표기할 음성부호로서 더할 나위없이 적절하다는 데에 기인한 것이었다. 한국어 발음에 정밀하게 고려되어야 할 음성 차원의 권설음 같은 기호도 만들고, 한국어에는 없는 여러 부호들도 한글 모양을 조금씩 변형하여 만들었다.

이후, 몇 학자에 의해 이러한 고안이 이루어졌다. 최근에는 김석연

(2003)에서 세계 모든 언어를 적을 수 있는 문자 도구로서 발표되었다. 그리고 누리글 선교 센터를 운영하면서 성경을 그 나라말로 표기해주는 일을 펴나가고 있다. 정보통신 분야에서는 한글 문자를 사람들이 직접 종이 위에 쓰는 문자로서가 아니라 컴퓨터 속에서 인식된 세계 공용의 문자로서 활용할 수 있는 연구를 진행하고 있다. 세계 공통 통번역기의 내장 언어로서 가장 적합한 문자라는 생각을 가지고 있는 것이다.

그런가 하면, 서정수(2003)에서는 컴퓨터 자판에서 한국어, 영어, 일어, 중국어를 표기하는 발음기호를 고안하여 발표하였다. 이 연구에는 한글이 세계적 음성 문자로서 구실할 수 있음을 착안하여, 국제 발음 문자로서 구실할 수 있는 안을 고안한 것이다. 참고로 자음 발음 문자와 컴퓨터 자판을 소개하기로 한다.

파열음 유성	IPA	b	d	g	
	한글 발음기호	ㅂ	ㄷ	ㄱ	
파찰음 유성	IPA	dʒ			
	한글 발음기호	ㅿ			
마찰음 무성	IPA	f	θ	s	ʃ
	한글 발음기호	ㆄ	ㅌ	ㅅ	ㅅ
마찰음 유성	IPA	v	ð	z	ʒ
	한글 발음기호	ㅸ	ㄷ	ㅿ	ㅿ
설측음	IPA	l			
	한글 발음기호	ㄹ			
반모음 원순	IPA	w			
	한글 발음기호	ㅜ			
비원순	IPA	j			
	한글 발음기호	ㅣ			

2. 언어 치료사의 음성학

언어치료사란 언어장애를 가진 환자를 치료할 수 있는 전문 능력을 갖추어, 환자와의 상담을 통하여 언어장애의 원인과 등급을 평가 진단하고, 장애별로 분류하고, 개인 치료계획을 수립하여 환자를 치료하는 업무를 수행하는 전문직을 말한다. 현재 국내에는 몇몇 의과 대학 부설 언어치료실, 소아정신과 언어치료실, 개인 사설 재활원 및 언어치료실, 장애자 종합복지관이나 사회복지관 등에서 언어치료사가 활동하고 있다.

언어장애로는 조음장애, 언어발달장애, 말더듬이, 구개열, 뇌성마비, 청각장애, 실어증 등 다양하다. 이들은 여러 원인에 의해 발생되는 것으로 뇌, 심리, 인간의 행동발달 등에 대한 다층적인 전문 지식을 필요로 한다. 특히 조음장애나 말더듬이 환자 같은 경우에는 입의 구조 및 혀의 위치를 인식하면서 언어장애의 원인을 분석할 수 있어야 하고, 그에 적절한 치료를 해 줄 수 있어야 한다. 이를 위해서는 이 책에서 제시한 것과 같은 음성과 음운 전반에 대한 철저한 이해가 필수적이다.

언어치료사에 대한 이해를 돕기 위해, 그 주요 업무를 개괄해 보면 다음과 같다:

> 1) 환자의 보호자 또는 환자와 상담하여 가족력, 임신력, 태생력, 언어발달력 등을 조사하고 기록한다.
> 2) 환자의 발음, 지능, 어휘력 검사를 실시하여 조음장애, 언어지체(言語遲滯), 실어증, 음성장애, 말더듬이, 난청, 구개파열(口蓋破裂), 뇌성마비 등 언어장애의 원인 및 정도를 판별, 진단한다.
> 3) 의사전달능력을 회복시키기 위한 교정치료계획을 수립하여 실행하고 지시 감독한다. 단어, 글자, 그림카드, 보청기, 녹음기, 퍼즐, 거울 등을 이용하여 어떻게 치료할 것인지에 대해 궁리하며 환자에 대한 적절한 치료를 실시한다.
> 4) 교육기관, 구강외과 및 기타 의료기관 등의 자문역할을 한다.

이상과 같은 업무를 수행하기 위하여 언어치료사의 적성과 능력을 다음과 같이 정리할 수 있다:

> 1) 환자, 가족 또는 직업상의 사람들과 원활한 의사교환을 할 수 있고, 뛰어난 청력과 정확한 발음을 구사할 수 있는 능력
> 2) 난청치료기 및 다른 검사기구를 통하여 장애원인을 판정하고 입의 구조 및 혀의 위치를 인식할 수 있는 음성학과 언어병리학 전문 능력
> 3) 환자의 신체적 장애와 정신적 장애를 연계하여 검사하고 판단하고 치료할 수 있는 능력

언어병리학회에서는 이러한 말더듬이 장애를 가진 사람에 대한 치료 연구를 다각적으로 하고 있다. 예를 들어 어린이 말더듬의 가정지도로,

다음과 같은 것을 제시하고 있다<이승환, 2000a 참고>.

가. 어린이에게 스스로 생각하고 놀 수 있는 시간의 여유를 충분
   히 준다.
나. 어린이를 과보호하지 않는다.
다. 가족들(특히, 형제들)이 어린이의 말더듬을 놀리지 말도록 한
   다.
라. 어린이가 말이 막혀서 이어가지 못할 때, 도와주는 목적으로
   하지 못한 나머지 말을 대신해 주지 않는다.
마. 어린이에게 모든 사람이 말을 어느 정도는 다 더듬는다는 사
   실을 깨우쳐 준다.
바. 말더듬의 빈도가 줄어들면 가족 이외의 사람들과도 이야기
   할 수 있는 기회를 마련해 준다.
사. 학교 선생님에게, 국어 시간에 다른 어린이들 앞에서 책을 소
   리내어 읽도록 하지 말라달라는 부탁을 하지 않는다.

어른의 말더듬 치료에 대해서는 다음과 같은 것을 제시하고 있다<이
승환, 2000b 참고>.

가. 동기부여 : 언어 치료를 받아야겠다는 동기가 부여되어야 한
   다. 이를 위해 언어 치료 전문인이 말더듬이의 언어 상황을
   정확히 모방하여 재현함으로써, 또는 녹음 테이프를 들려줌
   으로써, 스스로 언짢은 감정을 가지도록 유도한다. 그리고 함
   께 치료를 함으로써 유창한 말더듬(말을 쉽게 더듬는 방법)으
   로 갈 수 있다는 약속이 이루어져야 한다.
나. 확인 : 자신의 말더듬 증상을 스스로 찾아내도록 한다. 외형
   적 증상들, 심리적 상태 등을 정밀하게 체크하기 위해 자기
   탐구가 이루어진다. 이를 확인하기 위해, 처벌, 대화 환경의

스트레스, 상황 공포, 낱말 공포, 자기 능력에 대한 확인 등의
여러 과제를 수행한다.

다. 둔감화 : 보통 말더듬이는 주위 사람들에 대해 필요 없이 민
감하다. 다른 사람들의 반응에 무감각해지는 훈련을 받을 필
요가 있다. 말을 용기 있게 하고 그에 대한 반응이 오더라도
무감각하게 받아들이는 다양한 경험을 하게 한다. 또한 그룹
치료를 통해 다른 말더듬이들과 이야기와 토론을 하면서 경
험을 나누는 것도 효과적이다.

라. 변형 단계 : 각자가 지니고 있는 말더듬의 전형화된(stereotyped)
외현적 증상을 변형시키는 목적의 훈련을 한다. 말을 더듬을
거라고 예상되는 상황이 되면, 그것을 그대로 돌입하여 투쟁
하며 애쓰기보다는, 다른 변형된 행동으로 바꾸는 것이 훨씬
쉬워지고 긴장과 고통이 덜해진다는 것을 깨닫게 해 준다. 가
령 책을 읽게 하고 자신이 더듬을 것 같은 말은 모두 건너 뛰
게 한다. 그런 다음 그것을 다 읽되 더듬는 말은 다시 반복하
여 더듬도록 한다. 그리고 말을 더듬을 때 입술이나 혀가 떨
리면, 그 대신 오른쪽 발로 발을 구르면서 말을 더듬는다.

마. 접근 단계 : 변형을 확대하여 정상 말의 형태로 점진적으로
접근하는 단계이다. 언어 치료사와 함께 말을 하다가 말더듬
이가 말을 더듬으면 치료사도 같이 말을 더듬는다. 그러면서
치료사는 조금씩 변형시켜가면서 말을 더듬으며 말더듬에서
빠져 나오는 것을 보여준다. 이것을 반복하여 훈련하면, 말더
듬이가 좀더 쉽게 말을 찾는 방법을 터득하게 된다.

바. 안정 단계 : 일단 말더듬이 치료되었어도, 말더듬은 재발되기
쉬운 것이므로, 지속적인 노력이 필요하다. 치료실에 국한되
어 온 치료 환경을 외부로 확대하여 지속하고, 치료가 끝난
후에는 한 달에 한 번 정도, 6개월이 지난 후에는 두 달에 한
번 정도, 1년이 지난 후에는 3개월에 한 번 정도 치료실을 찾
는 것이 바람직하다.

3. 음성인식

　음성학의 연구 내용이 실생활에 활용될 수 있는 또 하나의 분야가
바로 음성인식(音聲認識, speech recognition)이다. 사람의 음성을 음파의
형태로 인식하는 것이 주요 원리이다. 음성인식장치(speech recognizer)
라는 장치는 사람의 음성을 기계에 의해 자동적으로 인식하는데, 예를
들면 0부터 9까지의 숫자의 소리를 인식하여 컴퓨터 데이터 베이스에
입력하거나 수화물의 꼬리표에 기입되어 있는 송달 지명을 읽는 소리
를 인식하여 수화물의 송달 지명을 분류하는 것이다. 여기에 이용되는
방법을 보코더(vocoder)라고 한다. 음성을 분석하고 합성하는 방법으로,
voice coder의 약어이다. 음성 파형의 정보를 분석하여 전송 또는 기억
하며, 이 음성파형으로부터 다시 합성하는 시스템이다.

　음성인식시스템은 음향분석부, 음운인식부, 단어인식부, 언어처리부
등의 요소로 구성되어 있다. 음향분석부에서는 음성신호에 대해 20～
30ms의 짧은 구간마다 주파수 분석 또는 선형예측분석이라 부르는 수
학적인 변환처리를 하고, 이것을 가지고 십수차원의 특징벡터(feature
vector) 계열로 변환한다. 음운인식부에서는 음성의 대략적인 특징을
이용하여 음성신호를 일정한 물리적 성질을 지닌 부분으로 분할하는
조작, 즉 세그멘테이션(segmentation)을 하고, 각 구간을 각각 하나의 단
위로 하여 모음, 자음을 인식한다. 음운인식의 결과를 1차원적인 음운
기호열로 나타내기는 곤란하므로, 몇몇 가능성을 남긴 음운래티스
(phoneme lattice) 꼴로 주어진다. 언어처리부에서는 단어래티스 안의 단
어들로부터 구문적 제약을 만족시키고 의미적으로도 정합(整合)이 이
루어진 단어열을 선택한다. 연속음성인식이 아닌 단어음성인식에서는

보통 음운인식을 하지 않고 단어 전체를 하나의 단위로 하여 표준패턴
(인식의 대상이 되는 카테고리 안의 패턴)과 대조(matching)시킨다. 벡
터의 계열로서 표현되는 단어음성은 계열의 길이에 있어서 흩어짐이
있으므로 이것을 흡수하여 시간축을 신축시키는 방법을 사용한다.

　이러한 음성인식장치는 전화번호 음성안내 시스템, 호텔 자동 예약
시스템, 가전제품 음성인식 전원 시스템, 음성인식 자동 입력 시스템
같은 곳에 활용되고 있다. 그러나 아직 사람의 다양한 음성의 정확한
인식을 위한 많은 연구를 기다리고 있는 분야이다.

　음성인식장치로, 다음과 같은 이색 상품이 출시되었다. 기사를 소개
한다:

> ＜목소리로 사랑점수 알려주는 '사랑탐지기' 출시＞
> 　사귀고 있는 사람이 자기를 얼마나 좋아하는지를 수치로 알려
> 주는 '사랑탐지기(Love Detector)'가 최근 밸런타인데이을 앞두고
> 미국에서 출시됐다. 뉴욕의 V엔터테인먼트사는 최근에 이스라엘
> 의 거짓말 탐지 소프트웨어를 활용, 대화 상대방이 자기에게 얼
> 마나 호감을 가지고 있는지를 5점부터~1점까지 7단계로 나타내
> 주는 기기를 개발했다고 발표했다. 사용법은 간단하다. 이 장치
> 가 작동되는 컴퓨터에 전화기를 연결한 뒤 마음에 두고 있는 사
> 람과 통화를 시작하면, '사랑탐지기'가 상대방의 음성을 분석, 그
> 결과를 컴퓨터 화면에 데이지 꽃잎으로 보여준다. 꽃잎이 많을수
> 록 사랑이 뜨거운 것이고, 반대로 측정치가 마이너스로 떨어지면
> 꽃잎이 시든다. 지해범 기자＜조선일보 2004.2.13＞

참고문헌

강옥미(1993). 위치마디의 내부 구조: ㄷ-구개음화, ㄱ-구개음화, 움라우트와 위치동화를 중심으로. 국어학 24. 국어학회.

강창석(1984). 국어의 음절구조와 음운현상. 국어학 13. 국어학회.

고광모(1992). ㄴ첨가와 사이시옷에 대한 연구. 언어학 14. 한국언어학회.

고도흥·구희산·김기호·양병곤 공역(1999). 음성언어의 이해. 한신문화사.

구현옥(1999). 국어음운학의 이해. 한국문화사.

구현옥(2000). 국어 변동 규칙 설정에 있어서 몇 가지 제안. 한글 247. 한글학회.

구희산(1993). 음성합성의 운율처리를 위한 악센트 연구. 음성·음운·형태론 연구 1. 한국문화사.

국립국어연구원(1995). 한국 어문 규정집. 국립국어연구원.

권인한(1997). 현대국어 한자어의 음운론적 고찰. 국어학 20. 국어학회.

김경란(1993). 우리말 음절화와 관련된 음운규칙 적용 방법. 음성·음운 · 형태론의 연구 1. 한국문화사.

김광해 외(1999). 국어지식탐구. 박이정.

김기호 · 양병곤 · 고도흥 · 구희산 공역(2000). 음성과학. 한국문화사.

김무림(1992). 국어음운론. 한신문화사.

김석연(2003). 21세기 정보화의 도구, 누리글. 한국어정보학회 국제학술
        대회 발표집.

김승곤(2001). 음성학. 도서출판 역락.

김영진(1990). 모음체계. 국어연구 어디까지 왔나. 동아출판사.

김완진(1996). 음운과 문자. 신구문화사.

김정아(2000). 국어의 음운표시와 음운과정. 국어학회.

김주원(1993). 모음조화의 연구. 영남대출판부.

김차균(1998). 음운학 강의. 태학사.

남기심 · 고영근(1993). 표준국어문법론. 탑출판사.

배주채(1996). 국어음운론 개설. 신구문화사.

서정수(1996). 국어문법. 한양대학교 출판원.

서정수(2003). 한글 바탕 국제 발음문자의 사용법. 한글문화 세계화 운
        동본부 펴냄.

성낙수(1987). 이른바 한국어의 두음법칙 연구. 한글 197. 한글학회.

신지영(2001). 말소리의 이해. 한국문화사.

신지영 · 차재은(2004). 우리말 소리의 체계. 한국문화사.

안병희 · 이희승(1994). 고친판 한글맞춤법 강의. 신구문화사.

오정란(1997). 현대국어음운론. 형설출판사.

이기문(1972). 국어음운사 연구. 한국문화연구원.

이기문 · 김진우 · 이상억(1984). 국어음운론. 학연사.

이덕호 역(1977). 음운론. 범한서적.

이명규(1990). 구개음화. 국어연구 어디까지 왔나. 동아출판사.

이병건(1976). 현대한국어의 생성음운론. 일지사.

이병근(1979). 음운현상에 있어서의 제약. 탑출판사.

이병근(1989). 국어사전과 음운론. 애산학보 7. 애산학회.

이병근·최명옥(1997). 국어음운론. 한국방송대학교 출판부.

이상억(1987). 현대 음운이론과 국어의 몇 문제. 언어 12-2. 한국언어학
　　　회.

이상억(1992). 생성음운론. 국어학연구백년사. 일조각.

이승환(2000). 말더듬 개관. 아동의 조음장애 치료(한국 언어병리학회
　　　편). 군자출판사.

이승환(2000). 어른의 말더듬 치료. 아동의 조음장애 치료(한국 언어병
　　　리학회 편). 군자출판사.

이은정(1992). 표준발음법에 따른 우리말 발음 사전. 백산출판사.

이익섭(1992). 국어표기법연구. 서울대출판부.

이준자(2000). 기능적 조음장애의 치료. 아동의 조음장애 치료(한국 언
　　　어병리학회 편). 군자출판사.

이진호(1998). 국어 유음화에 대한 종합적 고찰. 국어학 31. 국어학회

이현복(1971). 한글음성문자 시안. 한글학회 50돌 기념 연구발표회 요
　　　지.

이현복(1971). 현대 서울말의 모음 음가. 어학연구 7-1. 서울대어학연구
　　　소.

이현복(1981). 국제음성문자와 한글 음성 문자. 과학사.

이현복(1985). 한국어의 표준발음. 대학음성학회.

이현복(1989). 한국어의 표준발음. 교육과학사.

이혜숙(1968). 구조주의와 변형생성이론에 있어서의 음운론. 한글 141. 한글학회.

이호영(1996). 국어음성학. 태학사.

이희승 · 안병희(1994). 한글 맞춤법 강의. 신구문화사.

임홍빈(1981). 사이시옷 문제의 해결을 위하여. 국어학 10. 국어학회.

임홍빈(1993). 국어 억양의 기본 성격과 특징. 새국어생활 2-1. 국어연구원.

전상범(1985). 생성음운론. 탑출판사.

전종호(2000). 유음 선행 자음의 비음화. 언어 25-2. 한국언어학회.

정연찬(1997). 개정 한국어 음운론. 한국문화사.

조성문(2001). 국어의 운율적 자질에 대한 실험음성학적 분석. 한국언어문화 20. 한국언어문화학회.

주시경(1914). 말의 소리. 역대한국문법대계. 탑출판사.

최임식(1990). 국어 내파화에 대한 연구. 계명대 박사학위논문.

최태영(1990). 모음조화. 국어연구 어디까지 왔나. 동아출판사.

최현배(1957). 우리말본. 정음사.

한국언어병리학회 편(1994). 말더듬 치료. 군자출판사.

한국언어병리학회 편(2000). 아동의 조음장애 치료. 군자출판사.

한영균(1991). 이중모음의 단모음화 과정에 대한 삽의. 국어학의 새로운 인식과 전개. 민음사.

허웅(1981). 언어학. 샘문화사.

허웅(1985). 국어음운학-우리말 소리의 어제, 오늘. 샘문화사.

Bloomfield, L.(1933). *Language*. New York: Holt, Rinehart & Winston.

Carr, P.(1993). *Phonology*, Basingstoke: Macmillan.

Chomsky, N. & Halle, M(1968). *The Sound Pattern of English*. The Hague: Mouton.

Glonia J. Borden & Katherine S. Harris & Lawrence J. Raphael (1994). *Speech Science Primer - Physiology, Acoustics, and Perception of Speech*. Williams & Wilkins.

Householder, Fred W.(1965). 'On some recent claims in phonological theory.' Journal of Linguistic.

Hyman. L.M.(1975). *Phonology: theory and analysis*. New York: Holt, Reinehart and Winston.

Jakobson, R., & Fant, G., and Halle, M.(1952). *Preliminaries to Speech Analysis*. Cambridge: MIT Press.

Jespersen, O.(1904). *Phonetische Grundfragen*. Leipzig: Teubner.

Jones, Daniel(1931). *An Outline of English Phonetics*, Cambridge University Press.

Pike, Kenneth(1947). *Phonetics*. The University of Michigan Press.

Saussare, F. de.(1916). *Cours de Linguistigue Générale*. Lausanne et Paris: Payot.

Spencer, A.(1996). *Phonology*. Oxford: Blackwell.

Trubetzkoy, N.S.(1939). *Grundzüge der Phonologie*. Travaux du Cercle linguistique de Prague.

Twaddell, W.F.(1935). 'On defining the Phoneme'. Language monographs 16.

183

찾아보기

가

바

사

아